わが国
監査報酬の
実態と課題

監査人・監査報酬問題研究会 [著]

日本公認会計士協会出版局

はしがき

　2011年後半に相次いで発覚した企業不正によって，再び監査の役割や不正への対応の議論が盛んとなっている。不正への対応の問題は，監査の目的，監査人の独立性の堅持や職業的懐疑心の発揮，適用すべき監査手続の拡張，監査報告の機能等の広範な議論の対象となるが，十分な監査証拠を入手するべく監査手続を実施しているか，そのための監査時間を投入しているかという点も重要な課題として指摘し得るであろう。

　適切な監査時間の確保のためには，それに対応する監査報酬が支払われていなければならないが，往々にして，企業側からは，紋切り型の監査報告書を得るために，なぜ高額の監査報酬を支払わなければならないのか，あるいは，不正をする意図もないのに，不正の発見に対応した監査手続やそれに応じた監査報酬の支払を求められることは納得がいかない，といった声が聞かれることがある。しかしながら，諸外国に比べて監査報酬が相当程度低いこと及びそれに起因した監査時間の少なさは，わが国監査の脆弱性を示すものであり，監査研究者や監査実務家の間では，旧くからわが国監査の課題として広く知られていた問題であった。たとえば，わが国企業がアメリカ等の海外で上場すれば，数倍の監査報酬を支払っているのにもかかわらず，同様の業容・業態の企業が，日本では相当程度低い監査報酬によって監査証明を受けていることは，日本の特殊性を感じさせる点である。

　そうした中，わが国においても，コーポレート・ガバナンス改革の議論と相まって，2004年3月期以降に提出される有価証券報告書の「コーポレート・ガバナンスの状況」の欄において，上場会社等の監査証明報酬額の開示が行われるようになった。諸外国では，それに先立って，非監査業務からの収入による独立性の侵害の懸念等から監査報酬の開示が進められ，研究上もさまざまな分析結果の蓄積があったのである。わが国では，非監査業務の同時提供の議論は

あまり大きな問題とはなっていなかったものの，その時点で，わが国においても，監査報酬データを利用した実証的な研究とそれに基づく議論の基礎が展開するようになったといえる。

われわれは，そうした監査報酬額の開示制度の開始と前後して，以下のいくつかの研究を通じて，監査報酬に関する研究等を進めてきた。

・加藤恭彦編著『監査のコスト・パフォーマンス分析 ―日米欧国際比較―』，同文舘出版，2003年10月[1]。
・林　隆敏・町田祥弘・松本祥尚「わが国監査報酬の開示実態」，『週刊経営財務』2723号，2005年5月30日，24-37頁。
・町田祥弘「監査報酬はなぜ低いのか―監査人の交代時における監査報酬の実態調査を踏まえて―」『週刊経営財務』2810号，2007年3月5日，16-21頁。
・週刊「経営財務」編集部編『「監査人別監査会社」「会社別監査人・監査報酬」一覧』，税務研究会，2007年3月。

そうした中，われわれは，2007年6月に日本公認会計士協会から，2008年4月以降に開始する事業年度から制度の適用が予定されていた四半期レビュー及び内部統制監査の導入による監査報酬の影響を把握すること，ならびに，監査報酬を1つの手懸りとしてわが国の上場企業の監査の実態と課題等について検討することを目的とした研究を委託された。同委託研究の成果は，毎年度，『上場企業監査人・監査報酬白書』（以下，白書）として上梓されてきた。同白書では，毎年度，前年の4月期決算より当該年度の3月期決算に至るまでの年度を1年として，わが国の全上場企業の監査人及び監査報酬の実態調査結果を企業別（白書の第Ⅱ部）及び監査人別（白書の第Ⅲ部）に収録するとともに，それらのデータを基礎としてわれわれが行った分析の結果を第Ⅰ部として掲載し

---

[1] 本研究は，2001年度及び2002年度に設置された日本監査研究学会課題別研究部会の成果である。同研究部会には，当研究会のメンバーのうち，松本，林，町田が参加している。われわれの共同研究の端緒であり，監査報酬分析に関心を有することとなった契機の研究である。

てきた。

　白書に所収したデータは，財務数値は日経NEEDSのFinancial Quest®等を利用したものの，監査人及び監査報酬に関連するデータは，EDINETを通じて有価証券報告書からほぼ手作業で収集し，入力したものである。日本公認会計士協会からの委託研究資金は，すべてデータ収集に協力してくれた学生諸君のアルバイト代に充当した。当初，松本，林，町田の3名で発足した当研究会も，その後，日頃から監査報酬データを研究に利用しており，手弁当の作業を厭わずに協力を申し出てくれたメンバーとして，2010年から矢澤，2011年から髙田が参加している。

　本書は，当初の委託研究期間である5年間が経過したことを1つの区切りとして，この5年間にわたるわれわれの研究成果を纏めるとともに，新たに，監査報酬に関する問題の検討やアンケート調査の分析等を追加して上梓するものである。本書の各章の概要は，以下のとおりである。

　まず第1章において，そもそも監査報酬とは何か，不正への対応等で問われる監査の品質との間でいかなる関係にあるのか，わが国の監査報酬の低廉化傾向はいかなる問題があるのかについて論じている。続く第2章では，わが国及びアメリカにおける監査報酬に関する制度を取り上げ，監査報酬の開示制度の背景と現状，かつて日本で実施されていた標準監査報酬制度とその廃止後の状況を説明している。

　第3章は，これまで白書の第Ⅰ部で検討してきた内容を5年間の時系列の中で再検討したものである。また，併せて，わが国の監査報酬の低廉化傾向の原因について，記述統計上からの分析を行っている。四半期レビュー及び内部統制監査の導入とその後の監査報酬の推移はもちろんのこと，その後の監査報酬の低廉化傾向についても明らかにしている。さらに，そうした過去データの分析だけではなく，第4章では，本書の刊行のために，新たに2011年12月から2012年2月にかけて実施した，監査報酬の実態に関する上場会社と監査事務所向けのアンケート調査の結果を検討している。

　また第5章では，監査報酬の先行研究のうち，とくに海外及び日本における

監査報酬の決定要因を取り上げて，先行研究を渉猟した上でそれらの概要をレビューして研究動向を整理している。第6章では，過去5年間の白書の第Ⅰ部に掲載してきた，監査報酬データを利用してのわれわれの実証研究成果を所収している。

最後に，第7章において，われわれとしての現時点におけるわが国の監査報酬の実態に関する見解と，それを踏まえた若干の提言を行っている。

本書の上梓を1つの区切りとして，白書の出版は終わることとなっているが，今後とも，研究会としての監査報酬分析や，監査人の交代等に関する研究は進めていくこととしたい。とくに，監査の品質は外見的に捕捉することができないため，何らかの代理変数によって間接的に捉えるしかない。その場合，労働集約型の監査業務において，監査時間の累積により請求される監査報酬は，監査の品質を客観化する代表的な指標の1つと考えられる。われわれを含め，多くの研究者が監査報酬を調査・分析する意図は，まさにその点にある。本書を契機として，わが国において，更なる監査報酬データを利用した研究の進展が図られることを期待している。またそうした研究成果の積み重ねが，ひいてはわが国の監査実務にフィードバックされていくことを切に願っている。

最後に，本研究の重要性を理解してくださり，われわれに研究を委託してくださった日本公認会計士協会元会長・藤沼亜起氏，前会長・増田宏一氏，現会長・山崎彰三氏，ならびに専務理事・木下俊男氏ほか関係各位に深く感謝申し上げたい。また本書の刊行に当たって，厳しい出版スケジュールの中，大変お世話になった日本公認会計士協会出版局にも，心より御礼申し上げたい。

2012年6月

監査人・監査報酬問題研究会を代表して
町田祥弘

CONTENTS

わが国監査報酬の実態と課題
目　次

第1章　監査報酬の意義

1　監査品質とは何か ———————————————— 3
(1) 監査の品質の特殊性 ………………………………………… 3
(2) 監査品質の外生要因 ………………………………………… 5
(3) 監査品質の内生要因 ………………………………………… 7

2　監査報酬の構成要素 ——————————————— 9
(1) 投資活動に伴うリスクと監査の機能 ……………………… 9
(2) 監査報酬決定の要因 ………………………………………… 13
(3) リスク・プレミアムの発生原因 …………………………… 17

3　監査報酬の分析の必要性 ————————————— 19
(1) 監査報酬によって示されるもの …………………………… 19
(2) 監査報酬決定の実際 ………………………………………… 20
(3) 低廉な監査報酬の問題 ……………………………………… 22

CONTENTS

第2章 監査報酬に関する制度

1 監査報酬に関する制度の意義 ———————————— 29

2 日本の監査報酬に関する制度 ———————————— 31
(1) 日本公認会計士協会による対応 ································ 32
(2) 公認会計士法による規制 ······································· 39
(3) 商法／会社法による規制 ······································· 42
(4) 証券取引法／金融商品取引法による規制 ··················· 47

3 アメリカの監査報酬に関する制度 —————————— 50

第3章 監査報酬の実態調査結果

1 監査人・監査報酬調査の概要 ———————————— 59

2 日本の監査報酬推移 ——————————————————— 61
(1) 監査証明業務報酬の推移 ······································· 61
(2) SEC登録企業等と非SEC登録企業等の比較 ················ 63
(3) 対売上高比率による分析 ······································· 68
(4) 監査証明業務以外の報酬 ······································· 71

CONTENTS

 （5）資本市場別の分析 ………………………………………… 73

 （6）監査人別の分析 …………………………………………… 75

3 アメリカの監査報酬推移 ——————————— 77
 （1）監査報酬の概況 …………………………………………… 78

 （2）監査報酬の対売上高比率及び対総資産額比率 …………… 81

 （3）非監査業務に基づく報酬 ………………………………… 82

4 監査報酬の過度な引下げの状況 ——————————— 85
 （1）監査報酬の引下げ問題 …………………………………… 85

 （2）新規顧客獲得のための減額の可能性 …………………… 87

 （3）顧客維持のための減額の可能性 ………………………… 91

 （4）個別事案の検討の必要性 ………………………………… 96

第*4*章 監査報酬の実態に関するアンケート調査

1 監査報酬の実態に関する調査の意義 ——————————— 101

2 調査の方法等 ——————————— 102

3 調査結果 ——————————— 107
 （1）監査報酬の決定方法 ……………………………………… 107

CONTENTS

　(2) 現在の監査報酬についての認識 …………………………… 109
　(3) 低廉な監査報酬の原因と解消 ……………………………… 113
　(4) 監査契約の公的管理と強制的交代制 ……………………… 118

4 小括 ─日本の監査報酬の実態に関する意識 ──────── 125

第5章 監査報酬研究の状況

1 はじめに ──────────────────────────── 131

2 海外の研究状況 ─────────────────────── 132
　(1) 監査リスク ………………………………………………… 132
　(2) 法的責任 …………………………………………………… 137
　(3) 監査事務所の業種特化 …………………………………… 139
　(4) コーポレート・ガバナンス ……………………………… 146

3 日本の研究状況 ─────────────────────── 151

第6章 本研究会による監査報酬研究

1 企業のディスクロージャー姿勢と監査報酬の関係 ──── 161
　(1) はじめに …………………………………………………… 162

CONTENTS

　　(2) 監査報酬データの持つ意味 …………………………………163
　　(3) 監査報酬に影響する他の要因分析 ……………………………166
　　(4) おわりに ……………………………………………………171

2 監査人の規模，資本市場及び設立後経過年数と監査報酬の関係 ── 174
　　(1) はじめに ……………………………………………………175
　　(2) 分析対象企業 ………………………………………………175
　　(3) 監査人の規模 ………………………………………………176
　　(4) 資本市場 ……………………………………………………179
　　(5) 設立後経過年数 ……………………………………………181
　　(6) おわりに ……………………………………………………184

3 わが国における標準監査報酬モデルの検討 ── 185
　　(1) はじめに ……………………………………………………186
　　(2) 標準監査報酬モデルの検討 …………………………………187
　　(3) 1つの適用例：監査人の交代に対する影響の分析 …………192
　　(4) おわりに ……………………………………………………197

4 内部統制の有効性と監査報酬との関係 ── 199
　　(1) はじめに ……………………………………………………200
　　(2) 財務報告の質 ………………………………………………202
　　(3) おわりに ……………………………………………………209

CONTENTS

5 監査事務所の収入に占める監査報酬の割合による影響 — 213

(1) はじめに ……………………………………………………… 214

(2) 先行研究のレビュー ………………………………………… 214

(3) 仮　説 ………………………………………………………… 215

(4) サンプルの選択 ……………………………………………… 216

(5) 研究手法 ……………………………………………………… 217

(6) 実証分析の結果 ……………………………………………… 220

(7) むすび ………………………………………………………… 222

第7章　監査報酬の適正化に向けて

1 わが国監査報酬の現状と課題 — 227

2 監査報酬の適正化に向けての提言 — 230

付　録 …………………………………………………………… 233

索　引 …………………………………………………………… 251

第1章

監査報酬の意義

1 監査品質とは何か

（1）監査の品質の特殊性

　粉飾決算等の不正な財務報告が後を絶たない中，ディスクロージャー制度の信頼性を支える財務諸表監査（以下，監査という）の品質に大きな関心が寄せられている。ところが，一般に，監査という業務（サービス）については，他の財やサービスと違って，業務の品質を把握することが困難であるといわれている（DeAngelo［1981］）。監査業務は，高度な専門性を伴った業務である上，その内容が外部からはほとんど把握することができないため，財務諸表利用者は，監査の品質を直接，把握することができず，企業が破綻し，不正な財務報告が発覚したときになって初めて，当該監査人による「監査の品質が低かった」ということを知るのみなのである。

　こうした特徴を有する監査業務の品質を高い水準に維持するには，何より監査実施者による業務への適切な取組みが求められるが，監査事務所または監査規制の立場からは，監査事務所における品質管理を通じて，監査業務の品質の確保を考えることになるであろう。今日まで，監査事務所における品質管理体制の充実に加えて，日本公認会計士協会の品質管理レビュー及び公認会計士・監査審査会による監査事務所に対する検査等を通じて，外部からの品質管理のチェックが図られてきた。こうした状況は，日本に限った問題ではなく，現在，国際的にも，監査の品質管理は監査領域における最重要課題の1つとして捉えられている。

　このように監査の品質を把握することは困難であるとしても，監査の品質を何らかの方法で把握し，高度な監査の品質を確保する手段とできないかという

のは，かなり以前からある監査論の研究課題であった。このため，わが国を含めた各国の研究者や実務家は，直接測定できないこの監査の品質ないし有効性を代理させることのできる要因について，さまざまな側面から検討してきたのである。たとえば，監査の品質の代理変数として扱われてきたものとしては，監査事務所の評判（reputation）——監査事務所の規模や顧客獲得数等——，監査事務所が被告となる訴訟件数，監査報酬等が挙げられる。

しかしながら，これらのうち，監査事務所の規模を監査の品質の指標とすることについては，実例を挙げるまでもなく，大規模監査事務所においても数多くの監査の失敗事例が見受けられること及び現在の監査市場，とくに上場企業にかかる監査市場が，企業規模の拡大や取引のグローバル化を受けて大規模監査事務所の寡占状態にあることなどから，必ずしも適切な指標とはいえなくなっているように思われる。日本においても，1966年に監査法人制度が創設されて以来，行政指導等によって，積極的に個人会計事務所を監査法人へ統合してきた歴史的経緯があり，カネボウ事件以後であっても，3大監査法人における上場会社の寡占率は，80％に上る状況にあることから，諸外国と同様に考えることができるであろう。

また，監査事務所が被告となる訴訟件数に関しては，日本でも，近年，監査事務所を相手取った訴訟が提起されるケースが見受けられるようになったものの，アメリカ等の訴訟社会と称される法的環境とはまだ大きな差異がある。訴訟件数は，各国の法的環境や訴訟の提起のしやすさ等に依存して，かなり各国固有の状況を示しているとさえ思われるのである。

そのような中，現在，日本の監査環境において監査の品質を外部の公表データから捕捉するための重要な指標と捉えられるのが，監査報酬である。監査業務の品質を，工業製品の品質検査のようにアウトプットでチェックすることが不可能なのであれば，監査業務に対して投下された時間及び担当者の有する技能といったインプットによって把握することが有効と考えられる。しかしながら，現在の制度では，監査時間は外部的には開示されておらず，担当者についても，監査実施者の人数は開示されているものの，その技能について詳細を把

握することはできない。そこで，それらが反映されたものとして，企業が監査事務所に支払った監査報酬を利用するのである。いわば，監査報酬は，監査の品質の代理変数である監査時間及び監査担当者の技能等のさらなる代理変数として位置付けられる。

本章では，監査の品質の代理変数としての監査報酬の位置付けについて，さまざまな監査の品質の代理変数の検討を含めて，論じていくこととしたい。

(2) 監査品質の外生要因

先に述べたように，監査の品質ないし有効性は，直接的に測定することができず，肯定的な評価ではなく，結果的かつ否定的な評価，すなわち監査の失敗が顕在化したときに「低い監査の品質であった」とか，「有効な監査が行われていなかった」という評価でしか捕捉することができない。これをいかにして，何らかの指標によって捕捉しようとする試みが現在でも行われている。たとえば，IAASB [2010] においても，監査品質ドライバ（AQ driver）を明らかにし，開発することが指向されているのである。

監査品質を何らかの指標によって代理させる方法としては，大きく分けて，外生変数としての監査人の評判を使う方法と，監査人が監査契約においてクライアントたる被監査会社と合意する監査報酬という内生変数を用いる方法とが想定される。

前者の監査人の評判を監査の品質の代理変数として用いる方法は，通常，監査人の評判の良し悪しを不祥事の発覚を切っ掛けとして捉え，当該評判の悪化が株式市場における株価や株式の累積平均異常リターン（Cumulated Abnormal Returns: CAR）等に対してどのように影響を及ぼすのか，という観点から検討される（Chaney and Philipich [2002]）。この場合，特定の監査人の監査を受けている被監査会社の株価を市場がどのように評価したかによって，間接的に監査人の品質を捉える。このため，監査人の不祥事発覚（たとえ

ば，エンロン事件におけるアーサー・アンダーセンLLPの状況を想起されたい）を契機とした被監査会社の株価の相対的に大きな下落を，マイナスの監査品質の顕在化（実際上の監査品質）として理解することになる。

このような監査人の評判による監査品質の操作化は，**図表1-1**のようなプロセスによって行われる。すなわち，想定上の監査品質が，監査品質を代理する（監査事務所の）評判に置き換えられ，外部からの監査品質に対する評価結果として，最終的な実際上の監査品質へと還元されると考えられているのである。

図表1-1　監査人の評判による監査品質の分析

```
AQに対する    [実際上のAQ]          [想定上のAQ]       捕捉不能
外部評価結果   監査人の外面AQ        監査人の内面AQ
                  ↑                       ↓
                                      監査人の評判      想定上の
                                                        AQの代理
                                          ↓
               [従属変数]      =      [独立変数]        マイナスの
               株価・CAR              不祥事            評判
                                      （監査の失敗）
```

このような評判の喪失という否定的な側面から監査の品質にアプローチするのに対して，監査人自らが提案し，被監査会社との間で合意に至った結果である監査報酬もまた，監査の品質を説明し得る変数と考えられている。

(3) 監査品質の内生要因

　監査の目的は，財務諸表の適正性に関する職業的専門家としての結論を表明することで，財務諸表の信頼性を明らかにし，もって投資者の意思決定に資することにある。「財務諸表は適正である」という究極の立証命題は，監査人によって直接立証することが不可能であるため，財務諸表項目レベルの立証すべき監査要点に細分化され，それらに対して監査人が監査手続を実施することを通じて監査証拠を収集・評価し，かかる監査要点の適正性を累積的に立証していった結果として，全体としての財務諸表の適正性を証明するというプロセスがとられている。

　このように財務諸表監査においては，個々の監査要点を立証する積み重ねが不可欠であることから，かなり労働集約型の業務が必要となる。立証すべき個々の監査要点が多くなればなるほど，投入すべき監査資源の量が増加するし，個々の監査要点の数が少なかったとしても，重要な虚偽表示のリスクが高い監査要点には，相対的に多くの監査資源―監査時間や監査実施者の人数，さらには経験ある監査実施者または専門家等―の投入が必要となる。この結果，投入される監査資源の量は，時間当たり単価に乗ぜられて，監査コストを構成する変数となるので，監査報酬は投入される監査資源の量に比例して増加すると想定できる。

　したがって，監査事務所にとっての直接監査コストは，次式で与えられるものと解される。ここでΣは，監査実施者全員についての総和を意味している。

　監査事務所にとっての直接監査コスト
　　$= \Sigma \{$監査時間$\times$監査実施者の時間当たり単価$\times$監査人の専門性／経験の高さ$\}$

　達成すべき目標が合理的な保証の水準として所与であれば，他の条件を一定

とした場合，ヨリ多くの監査要点に対して監査資源を投入したと想定できる，あるいは1つの監査要点により多くの監査資源を投入したと想定できるような高い監査報酬を獲得する監査契約ないし監査事務所の方が，そうでない事務所ないし契約よりも質的に高い監査品質を確保していると推測される。もちろん，この推測には，既述のように，投入監査資源量以外の条件を一定としてのものであるため，事務所毎に異なるはずの時間当たり単価や監査人個人の熟練度等の条件を無視しているという点では限界がある。しかし監査の品質に関する情報が，監査人側からは何ら開示されず，また現時点で監査報酬にかかわるものしか開示されていない状況では，監査報酬額はその品質の高低を判定するために極めて重視すべき指標であることに違いはない。

　以上の議論を図示すると，**図表1-2**のように保証の高低と監査報酬の多寡を面積で示すことができる。

図表1-2　監査の品質（保証）の高低と資源投入量の関係

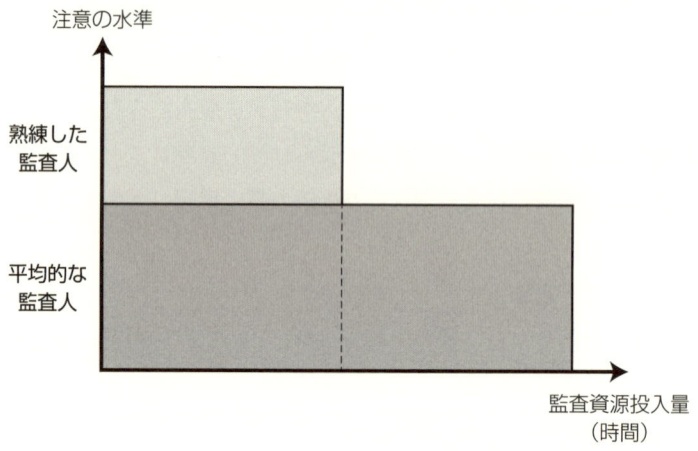

　図表1-2からわかるように，達成すべき保証水準（面積）が一定であれば，平均的な監査人が投入する監査資源量，すなわち監査時間と注意の水準によって算定される面積は，熟練した監査人が行使する注意の水準を前提にした同じ

面積に比べて投入資源量としては少なくてすむ。しかし，熟練した監査人の時間当たり単価は相対的に高いと考えられるため，資源投入量（時間）が少なかったとしても監査報酬は不変と想定できる。つまり平均的な監査人をヨリ多く時間投入する場合，あるいは，熟練した監査人を相対的に少なく時間投入する場合，のいずれにおいても，高い監査報酬の方が，面積としては広い保証水準の達成を可能とすると解されるのである。この結果，監査報酬は監査の品質を規定する1つの重要な指標であることが確認できる。

2 監査報酬の構成要素

(1) 投資活動に伴うリスクと監査の機能

上述のように，監査人の確信度（保証）の水準が監査時間に依存し，結果として監査時間を変数とする監査報酬が高ければ，保証の水準，すなわち監査人の確信度が高くなると考えられる。しかし監査報酬の構成要素は，監査時間だけと解して良いのであろうか。

監査の重要な機能は，財務諸表にかかわる監査業務の結果を監査報告書として作成・公表することで，財務諸表作成者（経営者）と財務諸表読者との間の情報の非対称を減じ，読者が自らの意思決定をヨリ安全・確実に行える環境（市場）を確保することにある[1]。この場合，財務諸表読者と経営者との間の情報の非対称性は，監査報告書によって提供される情報量が多ければ多いほど，改

---

1) このような理解はDeAngelo［1981］を参照されたい。

善される可能性が大きい[2]。

　投資者が財務諸表を利用して投資を行った場合に損害を蒙るかもしれない可能性ないしリスク全体は，正しい財務諸表を自らの解釈・分析ミスで損害を蒙るかもしれない，いわゆる自己責任の範疇に入る通常の状態でのリスク（「正常リスク」と称する），すなわち平均的な投資者自らが投資するに当たって予め負うことを予定するリスクの範囲と，投資者が誤った財務諸表に依拠して投資を行った結果，その意思決定が誤導され損害を蒙るかもしれないリスク（「異常リスク」と称する）から構成されている。このうち監査の機能は，財務諸表が正しい形で市場に公表される可能性を大きくすること，すなわち投資者が自己責任で投資できる範囲を広げることであり，逆にいうと，投資者が受け入れることのできない，予定し得ないような異常リスクの範囲を縮小することである。

　経営者と投資者との間には，情報の非対称性が存在することは広く認められている。そのような情報の非対称性が存在する場合，情報劣位にある投資者は，情報優位にある経営者が自らに有利な情報のみを公表しているとの疑念を持つかもしれないし，公表している情報の中に事実と異なる虚偽の記載が混入していたとしても，その事実の有無を確認する術すら持たない。この結果，経営者対投資者という情報の非対称性が存在する当事者間で，情報劣位にある投資者は，たとえ当該市場に居続けたとしても，財務諸表の信頼性に不安を感じたまま，すなわち極めて大きな異常リスク―虚偽の財務諸表に起因して投資者が受け入れられない予測不可能な損害を受ける可能性―を抱えたまま，投資活動を続けることになる。しかし，このような情況を放置すれば，当該企業に投資する当事者はいなくなり，最終的には証券市場が機能しなくなるであろう。

　これに対して，職業監査人を経営者と投資者の2当事者の関係に取り入れた契約関係を考えると，監査上の指導による財務諸表の修正や，監査報告書における除外事項等の記載が，経営者と投資者との間にある情報の非対称性を減少

---

2) 監査報告書以外の情報媒体，すなわち財務諸表自体は当然として営業報告書やIRなども非対称性を改善する重要な手段である。

させる効果をもたらすと期待できる。つまり監査の導入は，経営者が虚偽の財務諸表を作成し公表しようとした場合に，監査人の指導により適正な財務諸表に修正されたり，除外事項として財務諸表を修正するための情報が監査報告書で提供されたりすることで，投資者からすると虚偽の財務諸表が公表される可能性が小さくなり，その結果，投資者が虚偽の財務諸表に誤導され損害を蒙るリスクが小さくなる。要するに，監査の導入は，適正な財務情報の分析を自らが誤ることによって損害を蒙るかもしれない，という投資者側が予め引き受けることのできる正常リスク（自己責任）の範囲を広げ，財務諸表が虚偽であることに起因して投資者が誤導された結果，損害を蒙る可能性（異常リスク）を狭めることに結び付くといえる。このため，監査の導入により，証券市場における取引の円滑性と安全性が高められることになる。

図表1-3 財務諸表利用に基づく投資活動に伴うリスク範囲

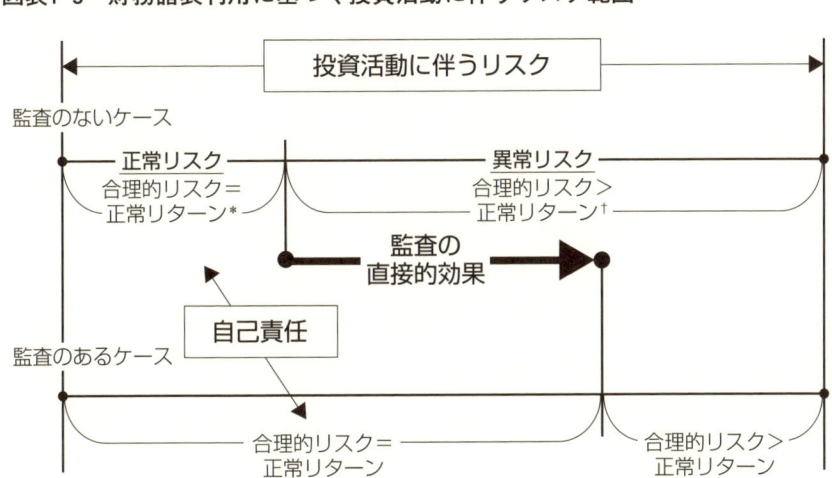

＊「正常リスク」（合理的リスク＝正常リターン）は，投資者が合理的なリスクを負担して正常なリターンを得られる確率＝投資者が正しい財務諸表の分析を自ら誤って自己責任で損失を蒙る確率
†「異常リスク」（合理的リスク＞正常リターン）は，投資者が合理的なリスクを負担しても正常リターンが得られない確率＝虚偽の記載を含む財務諸表により投資者が欺かれて損失を蒙る確率

以上のような関係を図示したものが**図表1-3**である。投資活動に伴って生じるリスクについて，**図表1-3**は投資者が自己責任の範疇に含めて負うことを前もって予定できる正常なリスク範囲と，事前には引き受けられない異常なリスク範囲とに区分して示している。単純に考えても，財務諸表のみで意思決定を行うことと，監査報告書の添付された財務諸表に基づいて投資を行う場合とでは，投資者が負うべき全体的な投資リスクのレベルだけでなく[3]，異常リスクの範囲が異なることは容易に想像できるであろう。

　投資者が負うことのできる自己責任の範囲が広がる（異常リスクが縮小する）ことは，証券市場の信頼性が増し，ヨリ多くの投資者の参入を促すことに繋がる。この場合，監査の直接的な効果は，監査上の指導により財務諸表を適正化することや監査報告書における除外事項等の情報提供に基づいて，経営者と投資者との間の情報の非対称性を減じて異常リスクを削減させることにあり，それは監査人が財務諸表の信頼性を保証することによってもたらされる。ここに財務諸表の信頼性に関する保証が，経営者による自己保証ではなく，独立の第三者としての職業監査人による監査によってなされなければならない理由があると考えられる。

　当然のことながら，異常リスクが顕在化した後，すなわち虚偽の財務諸表に投資者が誤導されて損害を蒙った後に，事後的に被害を蒙った投資者の損害額そのものの補償を約束する保険に代替する機能を，監査は直接的には意図していない。しかし，監査人が提供した監査報告書によって財務諸表に対して信頼性が付与され，それに依拠した投資者が，後にその依拠を原因にして損害を蒙った場合で，かつ当該監査業務に瑕疵があった場合，法廷を通じた合理的な範囲で監査人が（虚偽の財務諸表を作成した経営者とともに連帯して）当該損害回復の責任を負うのは当然のことである。この結果，職業監査人は，間接的にではあるが，将来発生し得る損害額の補塡（補償）を情報利用者に対して約束

---

3) 監査が導入されることによって［投資活動に伴う全体リスク］そのものも縮小すると考えられるが，ここでは異常リスクの削減効果を明確にするため，同じ長さの線分（リスクは常に0～1の範囲にある）で表わしている。

することで，異常リスクの負担者という役割を果たしていることになる。つまり，証券市場において，職業監査人に対する情報利用者の究極的期待は，異常リスクの負担による事後的補償機能，ということになり，ここに監査の間接的な価値が存在すると解される。

それでは監査人は，その補償機能を果たすために，どのようにして監査人が自らの受け取る報酬に自らが負担する保証リスクを還元するのであろうか。この点から，監査報酬の構成要素が，監査時間だけではないことが推測できるであろう。

(2) 監査報酬決定の要因

先にみたように，監査人は自らが将来，損害賠償の責任を負わされるかもしれないリスクを監査資源の投入を増加させる—監査手続の適用拡大—ことで最小化しようとする。この際の監査手続適用の拡大は，時間当たりコストとして監査報酬に含められてクライアントに請求できる部分である。つまり，監査人は監査基準や監査マニュアルに従って，クライアント固有の事情に応じて監査資源の投入を増加させるが，監査報酬には直接的なコストとしてこの部分が織り込まれている。この結果，この監査資源の投入増は，財務諸表に虚偽の表示が存在した場合に，それを監査人が発見して修正させたり除外事項を記載することで，異常リスクを正常リスクへ変換させるのに貢献する部分として捉えられる。

しかし，監査人が監査資源の投入を増加させることでは，監査に伴うリスクを十分にコントロールできないと知覚した場合には，将来自らが蒙るかもしれない損失の発生に備えて，職業的専門家保険に加入するための保険料としてそれを監査報酬に含めることを指向する。つまり監査人は，投資者の損害を補償

するために必要な保険の範囲[4]で，異常リスク部分に起因して負わされるかもしれない部分を，監査報酬に含めることになる。

　したがって，監査人の報酬のあり方を考える場合，監査報酬の多寡，すなわち報酬への還元・増加が，監査資源の投入量の増加（異常リスクの正常リスクへの変換）による直接的なコストなのか，保険加入による保険料に帰するのかが峻別されねばならない。監査人が通常の監査手続を適用することでは，監査に伴うリスクをコントロールできない，あるいは非常にコストがかかるとみなした場合に，保険加入による保険料の問題は発生する。殊に追加的な監査資源の投入によっても，監査に伴うリスクを十分に減少させることはできないと監査人が認識したときには，正常リスクに転換できない異常リスク部分をカバーできるように保険に加入する必要が生じる[5]。

　図表1-4は監査が存在することを前提にして，投資者が想定する投資活動に伴うリスク範囲を表わしたものである。ここでは，投資者が引き受けねばならない異常リスクが，監査資源の投入増に伴って監査人に転嫁され，その範囲がヨリ狭められることを示している。そして監査人によるこの追加的な資源投入分は，時間当たり単価をもとに監査報酬の増額としてクライアントに請求される部分となる。加えて，上記の監査手続の追加投入で対応しきれない部分も監査人側の保険加入という手段によって，投資者から監査人にそのリスクが転嫁される。

---

4) これら顕在化した異常リスクを回復するためには，投資者は監査人に対する損害賠償請求を通して，損失を回復する権利を裁判所から与えられなければならない。これは貸倒債権の回収のために担保権を行使する場合に，裁判所からの許可を取らねばならないのと同じである。
5) たとえばMenon & Williams [1994] においても，監査手続の追加投入で対応できない潜在的な虚偽表示について保険加入により対応し，当該保険料を監査報酬に含めるべき旨が主張されている。

図表1-4　異常リスクの監査による正常リスクへの転換

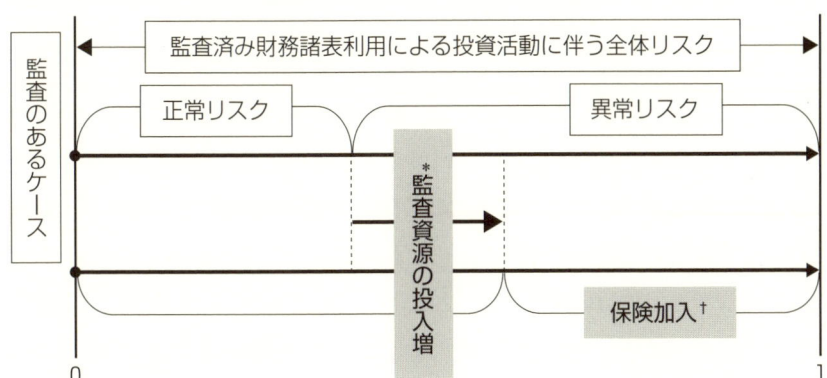

＊監査資源の追加投入量は，追加的な資源投入による限界コストと，それに伴う保険加入による保険料の限界削減分が等しくなる点で決定される。
†保険加入による部分は，追加的な監査資源投入によって自らのリスクをコントロールしきれない場合に，保険加入で対応する範囲である。

この**図表1-4**を監査サービスの競争市場を前提にしてモデル化すると，以下のようになろう（Simunic［1980］; Pratt and Stice［1994］）。

$$E(c) = cq + [E(d) \times E(r)]$$

  $E(c)$：期待総コスト
  c：外部監査資源の1単位投入ごとのコスト（すべての機会コストを含む）
  q：監査を実施する際に監査人が投入する資源
  $E(d)$：今期の財務諸表からクライアントの株主が蒙るかもしれない潜在的な損失の期待現在価値
  $E(r)$：監査人が今期の財務諸表に関連する損失の責任を負わされる確率

このモデルにおいて，監査報酬は正常利益を含んだ上で，監査の期待総コストをカバーするように設定される。ここで，cqは，先に述べた監査事務所における監査資源の投入に伴う直接的な監査コストに等しく，$E(d) \times E(r)$は監

査人にとっての保険加入ないしは損害賠償責任を負わされるリスクの期待コストに等しい。

　具体的には，監査人は次のようなプロセスで監査報酬の請求金額を決定すると理論的に考えられる。まず監査人は，監査契約を締結するに当たり，パイロットテストにより，自らが，将来，当該企業の財務諸表に関連して損害賠償責任を負わされるかもしれない確率に基づいた金額（期待値），すなわち，どれだけの保険契約が必要か$E(d) \times E(r)$（保険加入による保険料）を見積もる。次に監査資源を追加的に投入することによってもたらされる保険加入に必要な保険料の限界削減額と，追加的に投入する監査資源の限界コストが等しくなる点で，監査資源の投入量qを決定する。この場合，財務諸表監査制度であれば，監査資源の投入の最低限は監査基準によって画されている。この結果，クライアントに請求する，あるいは許容できる監査報酬$E(c)$は，監査人の正常利益，cq（監査手続実施によるコスト），ならびに保険加入による保険料$E(d) \times E(r)$（監査人にとっての将来損失の期待値）を考慮して決定される。

　このように考えてくると，監査サービスを提供することの監査人にとっての便益は，自らが将来負わされるかもしれない損害賠償のリスクをどれだけ小さくできるか，に依存している。もし自らの期待総コスト$E(c)$を賄える程度の監査報酬がクライアントから提供されないのであれば，当該契約から撤退することが監査人にとっては最善の選択となるはずである。故に，監査人の最大のインセンティブである監査報酬金額を考慮する場合に決定的に重要なのは，契約締結時に自らが将来負わされるかもしれない損害賠償リスク（保険加入に必要な保険料）をどの程度に見積もるか，ということになり，その見積りの後に，監査人は，資源投入量qと許容できる監査報酬$E(c)$の２つについて意思決定することになる。何れにしても，監査報酬の決定要因が，監査資源投入量（監査資源）と保険加入に必要な保険料の２つであることが確認できるのである。

(3) リスク・プレミアムの発生原因

次の問題は，この保険加入に必要な保険料の評価に，最も大きな影響を与える要素が何か，という点である。

異常リスクは，監査人側の追加的監査手続によって対応できるか否かによって，正常リスクへの転換部分と保険加入による対応部分に分けられる。**図表1-4**にみた異常リスクは，監査済み財務諸表に残留する虚偽表示によって投資者が損失を蒙るかもしれない確率であるから，その虚偽表示の原因が追加的な監査手続によって発見可能なものかどうか，が重要な問題となる。

通常，虚偽表示の原因は，不正と誤謬に分けて議論される。誤謬は監査資源の投入増により対応できる可能性が高いが，不正については，監査資源の増加では容易に摘発することはできない，といわれる[6]。つまり，この不正，とくに経営者不正こそが，保険加入による対応の必要な部分$E(d) \times E(r)$の主たる要因として考慮されなければならない。故に，リスク・アプローチを前提にして，監査契約の締結や監査計画の策定段階で，監査人にとってのリスクを評価した際に，誤謬発生の可能性の高いクライアントについては，意見表明の基礎を形成するのに十分になるように監査資源の投入量を計画し，それに見合った監査報酬（コスト）の増加が予定される。一方，不正が内在する可能性の高いクライアントについては，監査手続の追加によっては，コントロールできない部分を保険加入に必要な保険料に見合う程度に監査報酬設定をする必要がある。要するにクライアントの特性が保険加入に伴う保険料発生の重要な原因となることがわかる。

---

6) 監査実務からの見解として，日本公認会計士協会近畿会［2000］によれば，監査人にとって誤謬にはある程度対応が可能でも，不正には対応することが難しいとされている。たしかに巧妙に隠蔽された不正について，単に監査資源の投入量を増やすだけでは必ずしも効果的な対応が図られるとはいえないであろう。ただし，不正リスク要因や不正の兆候に対していかなる対応を図るか，という問題，すなわち懐疑心の発揮の方法等に関する問題は，ここでの議論の対象とはしていないことに留意されたい。

以上のような監査報酬を通じたリスク負担機能から，潜在的に監査人が責任を問われる範囲を想定すると，**図表1-3**でみた監査の直接効果部分も含めた監査手続の実施によって異常リスクを正常リスクに転換した部分と，**図表1-4**に示した不確実性に起因した保険加入で対応する部分ということになる。

　図表1-4で示したように，財務諸表の信頼性を向上させるという観点から捉えると，監査基準の改訂により監査人に要請される監査手続の種類や範囲が広がれば広がるほど，**図表1-4**における異常リスク部分を，監査資源の追加投入により正常リスク（投資者の自己責任対応）に転換できる部分と理解できる。この結果，証券市場において投資者が負うことを予定できる正常リスク（自己責任）範囲は拡張され，わが国の監査の価値（監査の品質）も高まることになる[7]。つまり，国際監査基準への収斂によって国ごとの監査基準に大きな差異がなくなれば，同程度の監査リスクに基づく監査契約に対して投入される監査資源の量は等しくなると考えられる。そして監査報酬の１つの決定要素である監査コスト cq について，もしそれでも監査人間で差が存在する場合には，それは監査人同士の間でのコスト競争力の相違とみなすことができる。

　また，もし意見表明の基礎を構築するための必要条件が，監査基準の標準化により質量とも国際的に遜色ないものとなったならば，わが国と他国との監査報酬の差は，監査人が保険加入に必要な保険料を如何に見積もるかに起因することになる。この場合，保険加入のための保険料の評価については，①クライアント特性（虚偽表示に起因して投資者側に損害が発生する可能性に影響する）と，②訴訟環境（被損した投資者が賠償請求をする可能性とそれを法廷が認める可能性に影響する）の２つを考慮する必要がある[8]。したがって，もしわが国と他国との間で①クライアント特性に相違がないとすれば，後はそれぞれの監査人が置かれた②訴訟環境の相違が保険加入のための保険料評価に差を生じ

---

7) ただし，正常リスクに転換できない場合は，保険加入で対応する部分に含められる。いずれにしても投資者にとっての監査の効果は高まる。
8) この場合のリスク・プレミアム評価を定式化すると，$[E(d) \times E(r)] = E(d) \times [①（クライアント特性）\times ②（訴訟環境）]$ となる。

させ，結果として監査報酬の相違をもたらしているとみなすことができるのである[9]。

3 監査報酬の分析の必要性

（1）監査報酬によって示されるもの

　監査報酬が，監査手続の量と保険加入の保険料によって構成されることになると，監査報酬が同額である場合，それが監査人が保険によって対応しようとしたクライアントのビジネス・リスクに起因するものなのか，あるいは監査人の監査手続の実施，すなわち資源投下によって算定されたものなのかによって，財務諸表に与えられる信頼性の程度は異なることになる。もちろん投資者の側が監査人に期待する保証の水準は，合理的保証というレベルで相違はないため，投資者が将来蒙るかもしれない損害の回復という点からは，監査人が監査手続を追加的に実施しようと，保険によって対応しようと変わりはない。故に監査報酬額が高いからといって，必ずしも監査手続の追加的な実施により財務諸表の信頼性が担保されているわけではない。逆に監査基準によって最低限の監査手続実施の程度が画定されていることから，監査報酬の水準が際限なく下げられることもあり得ない。
　つまり監査報酬の多寡が監査の品質の向上に結び付くかどうかを検証するためには，複数年度の数多くの監査報酬のデータを蓄積した上で，時系列的かつ横断的に監査報酬の変動を捕捉し，その変動がクライアントの違いや属性の変

---

[9] さらなる監査リスクの分析と監査人の責任の監査報酬への還元の問題についての検討は，松本［2001］を参照されたい。

化によるものなのか，あるいは監査人側の戦略変更や交代によるものなのか，といった分析を積み重ねる必要がある。その結果，監査人間での監査の品質の差を明らかにすることができたり，企業の属性に対応した監査報酬の適切な設定を可能とする方法を提言できると考えられるのである。

われわれ監査人・監査報酬問題研究会の研究意図もそうしたことを目標とした研究の一端であると考えている。

(2) 監査報酬決定の実際

以上のような監査理論的な監査報酬の意義の検討に対して，監査実務の側からは，実際の監査報酬はそのように決定されているのではないとの批判を受けることがある。

監査報酬については，総額を決定した上で個々の監査業務または監査実施者に報酬を配賦していく「トップダウン・アプローチ」と，個々の業務の積み上げによって計算した報酬額によって監査報酬を算定するという「ボトムアップ・アプローチ」等があることが知られている[10]。上記の議論は，ボトムアップ・アプローチを前提としたものである。また，日本公認会計士協会が監査・保証実務委員会研究報告第18号「監査時間の見積りに関する研究報告」等において推奨しているのも，ボトムアップ・アプローチに他ならない。

しかしながら，実際の監査報酬がそうした形で決定されていないと考えられるケースがあることも事実である。一般に，監査契約時に決定される監査報酬は，企業を取り巻く経済環境，企業の経営状況等を考慮して，あるいは，それらを背景とした企業側からの報酬引下げ要求等によって，抑制ないし引下げ圧

---

10) 監査・保証実務委員会研究報告第18号「監査時間の見積りに関する研究報告（中間報告）」，2006年9月公表，2008年6月改正。

力に晒されているといえる[11]。

　また，監査事務所内のマニュアルに沿って算定された監査報酬額については，会社側に提示される「監査報酬の見積り」等の名称の付された見積書においては，提示段階ですでに数十％に及ぶ「値引額」が記載され，値引きされた金額での提示が行われているのである。この値引額については，一説には，海外の提携先のネットワーク・ファームのマニュアルに沿って算定した監査報酬額から，日本の経済環境，監査環境及び個別の企業の状況等を勘案して提示されているものである，と説明されている。

　さらに，こうした値引額は，前年度までの監査報酬額，ひいては，かつて標準監査報酬制度[12]の下で低く抑えられてきた監査報酬以来の経緯を踏まえて，現在の監査報酬の妥当性を説明するための値引額に過ぎないともいわれている。

　しかしながら，経済環境や企業の置かれた状況であれば，海外の監査事務所においても同様であろうし，何より監査マニュアルにおける報酬算定において，それらを監査リスクに反映させて報酬を算定することが想定されていないということは想像し難い。また，従来の監査契約（監査報酬額）の制約があり，「新規契約でもない限り，簡単には適切な監査報酬を要求することはできない」という考え方に対しては，実証的に，監査人が交代した場合であっても，日本の監査人は適切な監査報酬を請求するとはいえない，との結果が示されている（町田［2009］）。

　中には，上場会社の監査報酬でかなり値引きしたとしても，上場会社が有する大会社子会社に対する監査等の総体において，監査契約を維持することの方が得策とのビジネス上の判断もある，といった直截な声も聞かれるところである。しかしながら，そうした対応は，現時点での契約の維持には効果があるにしても，長い目でみた時に，たとえば，個別には，大会社子会社の合併吸収に

---

11) だからといって，監査人がクライアントの財務諸表に潜在する虚偽表示を看過し，将来それが原因で損害賠償を負わされるかもしれないリスクに備える保険加入コストを，監査報酬決定時に考慮しなくてよいということにはならない。監査環境や個別の企業の状況等を勘案しない監査契約はあり得ないからである。
12) 標準監査報酬制度の詳細やその問題については，第2章において論じている。

よって監査業務がなくなった場合には，上場会社の値引き分を補填することは困難になるであろうし，総体的には，そうした上場会社における監査報酬額が公表されている状況にあっては，提示した値引き後の監査証明報酬額が，わが国の監査報酬の水準を形成し，低廉化傾向に拍車をかける，あるいは，わが国の監査業務のコモディティ化を後押しする結果となって，最終的には，自らが将来負わされるかもしれない損害賠償責任をも果たすことができなくなってしまう可能性まで高めてしまい，自分たち将来の存続可能性をも危うくし，自らの首を絞める結果となってしまうのではないであろうか。

(3) 低廉な監査報酬の問題

　実際の金額からみても，わが国の監査報酬額は，諸外国に比べて非常に低廉なものとなっている。われわれが『2012年版 上場企業監査人・監査報酬白書』において調査し分析したところでは，2011年3月期までの直近会計年度の監査報酬平均額は，アメリカの197.65百万円に対して，日本では56.46百万円，比率でみれば，わが国の監査証明業務報酬はアメリカの28.57％にしか過ぎないことが明らかとなっている。われわれの5年間に及ぶ委託研究期間についてみてみても，わが国の監査報酬は，内部統制監査導入によって一時的に増加したものの，顧客獲得競争の影響等を受けて，一貫して低下傾向にあると指摘できるのである。

　監査報酬の多寡については，種々議論のあるところであるが，監査業務について「我々は監査を日用品（commodity）とはみなしていないし，安売り監査（Wal-Mart audit）を望まない」というアメリカSEC前主任会計士Turner氏の講演コメントを無視することはできない（McCann [2010]）。つまり，監査報酬の多寡は，それが監査資源の投入による限り，財務報告の質を確保するために必須の条件であると解され，相対的に監査報酬の低下は財務報告の質を低下させることに結び付く可能性が高い。この関係は，不況期においてもそのまま

成立するはずであるからである。

　経済環境の悪化や企業の業績の悪化を理由として過度な監査報酬の引き下げ競争が肯定されるものではない。逆に，そうした状況では監査リスクが高まることが予想されることから，監査報酬が高くなることも想定されるのである。アメリカでは，たとえ不況下であったとしても，マスメディアでさえ投資者保護の観点から監査報酬の低下に警告を発するのに対して，わが国では不況下で監査報酬が下がるのは，あたかも当然のように喧伝される[13]。このような相違は，投資者保護に対して財務諸表監査が果たす役割が，社会に十分に浸透していないことを示唆するのかもしれないが，証券市場での資金調達や証券投資を前提に成立する資本主義経済社会において，専門家ではなく社会一般やマスメディアといったいわゆる通常の人たちが，監査報酬の減少を通じた財務報告の質の低下にもっと関心を寄せるようにならなければならないだろう。

　現在でも実際に，日米の監査報酬格差は拡大している。2009年度には，経済不況のために一旦下落したアメリカの監査報酬も，2010年度に入り20％の増加に転じている。これはやはり監査業務が低価格競争をもたらす日用品ではなく，被監査企業毎のオーダーメイド商品としての位置付けとして，被監査企業も理解している現れとして捉えられるのである。

　わが国において，低廉な監査報酬のもとで，監査事務所が監査業務を実施できているのは，次のような構造があることが想定される。

　　a．監査担当者が低い報酬による業務の実施を余儀なくされている。
　　b．監査事務所において，時間当たり単価の低い担当者の業務割合を増やして，全体の監査時間を確保しつつ，低い監査報酬で監査を実施している。
　　c．監査人が実施すべき監査業務の工程のうち，海外に比べて大幅に不足し

---

[13] たとえば，日本経済新聞社［2010］を参照されたい。同記事では，単に，主要企業300社のうちの52％（156社）もの企業において，前期より今期の監査報酬が減少したという部分的な紹介にとどまり，監査報酬の減少したことの問題点やその原因に対する指摘は見受けられないのである。

ている部分がある[14]。

　これらのうち，a.については，日本社会における監査の認知の問題とも相俟って，監査という高度な専門的業務が社会から正当な評価を受けていないことを意味しており，昨今，監査人に対して益々複雑化し専門性を高める財務諸表の監査業務に多大な業務量が要求される一方で，監査人に対する厳しい責任追及が行われる環境とも相俟って，監査業務にコミットしようという会計プロフェッションまたは今後会計プロフェッションとなろうとする学生等の参入の障害とさえなるように思われる。また，b.及びc.については，いずれも，監査の品質の観点からして，問題がある状況であるといえるであろう。

　こうした状況に対して，監査報酬の適正化に向けた取組みも行われてきている。日本公認会計士協会では，2004年9月に会長通牒「監査実務の充実に向けて―十分な監査時間数の確保の必要性―」を公表し，適切な監査時間を確保することを呼びかけている。また，2005年改訂の現行監査基準においても，重要な虚偽表示リスクを把握した場合の全般的な対応の1つとして，「適切な監査時間の確保」を要請するようになったのである。ところが，こうした動向にもかかわらず，監査報酬の適正化は簡単ではないとする声が，多くの実務家から聞かれることもまた確かである。

　われわれの調査・研究は，こうした日本の監査報酬の低廉な状況の原因を分析することをも目的としている。そのことが，結果として，監査報酬の適正化に努める日本公認会計士協会を中心とする会計プロフェッションの自主規制に寄与することとなり，もって監査の品質の向上に貢献することを期待するものである。

（松本祥尚・町田祥弘）

---

14) この一例として，日本では，具体的な監査証拠を必要とする実証手続以外の，内部統制の評価手続や品質管理等の手続にかける時間が海外に比べて少ないという調査結果がある（町田［2012］）。

参考文献

日本経済新聞社［2010］「データ解説　監査報酬，前期2％減」『日本経済新聞』8月18日。
日本公認会計士協会近畿会［2000］「"監査への批判"に対する公認会計士の意識」『近畿CPAニュース』1月号。
町田祥弘［2009］「監査人の交代時における監査報酬問題について」『會計』第175巻第1号，63-78頁。
町田祥弘［2012］「監査時間の国際比較に基づく監査の品質の分析」『會計』第181巻第3号，54-67頁。
松本祥尚［2001］「監査人の情報提供に伴う責任発生とその還元策」『會計』第160巻第6号，113-125頁。
Chaney, P.K. and K.L. Philipich, 2002, "Shredded Reputation: The Cost of Audit Failure," *Journal of Accounting Research*, Vol. 40.
DeAngelo, L.E., 1981, "Auditor Size and Audit Quality," *Journal of Accounting and Economics*, Vol. 3.
IAASB, 2010, Orland Meeting Agenda Item 9-A: Audit Quality - Issues and IAASB Task Force Proposals, December.
McCann, D., 2010, "Audit-Fee Fall: It's a Matter of Trust," CFO.com, October 27.
Menon, K. and D.D. Williams, 1994, "The Insurance Hypothesis and Market Prices," *The Accounting Review*, Vol. 69, No. 2.
Pratt, J. and J.D. Stice, 1994, "The Effects of Client Characteristics on Auditor Litigation Risk Judgments, Required Audit Evidence, and Recommended Audit Fees," *The Accounting Review*, Vol. 69, No. 4.
Simunic, D., 1980, "The Pricing of Audit Services: Theory and Evidence," *Journal of Accounting Research*, Vol. 18.
Wallace, W., 1987, "The Economic Role of the Audit in Free and Regulated Markets: A Review," *Research in Accounting Regulation*, No.1. 千代田邦夫他訳［1991］『ウォーレスの監査論』同文舘出版。

第2章

監査報酬に関する制度

1 監査報酬に関する制度の意義

　監査報酬は，本質的には，監査業務を提供する職業的専門家に対するサービス対価の支払いであり，監査契約が自由契約に委ねられている以上，法規等による規制が関与する余地はないといえる。

　しかしながら，アメリカにおいては，監査人によるMAS（Management Advisory Service）等の非監査業務の提供が監査人の収入の大きな部分を占めるようになると，1970年代以降，監査報酬に対する規制の議論が高まりをみせるようになっていった。監査人によるMASの提供の問題は，連邦議会を中心として，監査人の独立性の観点からそれを禁止すべきだとする主張があり，それに対して，MASによって監査人の独立性が侵害されているという明確な証拠はなく，むしろ監査人が被監査会社の実態をヨリ深く知る機会となるという主張とが対立し，学界の実証研究等も両者のそれぞれの主張を裏付ける研究成果を提供するなどして，長く確定的な結論が得られなかった。その間，拡大傾向にある非監査業務の提供に対して牽制を図るために，監査報酬の開示が求められるようになったのである。その後，英国等において監査報酬の開示制度が開始されたことを受けて，アメリカにおいても，後述するように，2000年より，監査報酬とその内訳の開示制度が実施されるようになった。

　このように，アメリカをはじめとして，諸外国における監査報酬制度は，監査人による非監査業務からの収入額を開示させて社会の監視下に置き，非監査業務の提供と，それによる収入によって監査人の独立性侵害が起きないようにとの目的で制定されてきたといえよう。

　現在では，MAS等の非監査業務については，エンロン事件やその後の不正な財務報告の社会問題化の影響の下，2002年にサーベインズ＝オックスリー法（*Sarbanes- Oxley Act of 2002*：SOX法）が制定され，監査業務との同時提供

が原則禁止となっている。したがって，監査報酬の開示制度の趣旨は，非監査業務の提供に対する牽制という観点から，監査人に対する報酬額を開示させることで，監査人に対する不当なダンピングがないかどうか，あるいは逆に，過度な報酬の提供によって独立性の侵害のおそれがないかどうか，といった点のモニタリングに重点が移動したものと考えられる。

　一方，日本の監査報酬制度は，やや異なる展開をみせてきた。わが国の監査制度及び公認会計士制度は，第二次世界大戦後に公的に導入されたものである。戦前の日本の経済社会は，商法の下，監査役監査は実施されていたものの，公認会計士による監査の経験がなく，そもそも1948年に公認会計士法が制定されるまで，公認会計士という存在が見られなかったのである。そうした中で，1951年7月の初度監査から，漸次的に監査制度が導入され，1957年に漸く，いわゆる正規の財務諸表監査が実施されることとなった。その過程において，企業社会においても，監査人たる公認会計士の側においても，監査人に対する監査報酬額の水準がわからないということで，当時はまだ任意団体であった日本公認会計士協会が経団連との間で協議し協定を結ぶ形で，法定監査の標準報酬規定が設けられ，標準監査報酬制度が開始されたのである。その後，公認会計士法において，1966年に日本公認会計士協会が特殊法人として法定化され，その会則において，標準監査報酬の規定を置くことを定めたことから，標準監査報酬制度は，自主規制から法的裏付けを得た制度となったのである。このように日本では，日本公認会計士協会の会則等における標準監査報酬規定によって監査報酬の水準を知らしめるという趣旨から，監査報酬の制度が開始されたといえる。

　その後，2003年の公認会計士法改正によって標準監査報酬制度が廃止されるのに伴い，また，2003年改正が先に述べたSOX法による非監査業務の同時提供禁止を受けて同様の規定を導入したこともあって，2004年からは，内閣府令に基づいて，監査報酬の開示が実施されることとなったのである。

　一方，商法または会社法の下においても，2003年以降，監査報酬額の開示制度が置かれている。これは，標準監査報酬規定が廃止された時期に開始された

第2章 監査報酬に関する制度

ものであるが,同時に,商法においてもエンロン事件を受けて,会計監査人に対する報酬額を営業報告書に示して,その適否を株主の判断に付そうとの趣旨によるものであった。

このように,日本と海外では,監査報酬に関する制度は,異なる目的や背景の下で実施されてきた。しかしながら,非監査業務と監査業務の同時提供禁止や,監査報酬開示制度等,現行の制度は数多くの共通点を有しており,また,開示された監査報酬額の検討を通じて,第1章で述べたように監査報酬を監査の品質の代理指標(サロゲート)として,監査の品質に関する分析も行うことができるようになってきている。

以下,本章では,日本及びアメリカにおける監査報酬に関する制度の概要を整理することとする。ここでは,単に,現在の制度の説明にとどまらず,標準監査報酬制度をはじめとして,現在の制度に影響を与えていると考えられる事項についても,若干の検討を行うこととしたい。本章の整理は,第3章における監査報酬等のデータに基づく定量的分析及び第4章におけるアンケート調査と分析の制度的背景を示すことを目的としている。

2 日本の監査報酬に関する制度

日本の監査報酬に関する制度は,歴史的経緯に沿って整理するならば,(1)日本公認会計士協会によるかつての標準監査報酬規定とその他の自主規制,(2)公認会計士法による非監査業務の原則禁止等の規制,(3)商法・会社法による事業報告等における監査報酬の開示規制及び(4)証券取引法・金融商品取引法による監査報酬の開示規制に区分することができる。

31

（1） 日本公認会計士協会による対応

① 標準監査報酬規定

　先に述べたように，かつて監査報酬は，わが国において法定監査が実施されて以来，約50年にわたって，日本公認会計士協会が定める標準監査報酬規定の金額を参考として，契約当事者間の協議により決定されていた。

　標準監査報酬規定の制度は，1951年6月に，初度監査の報酬について，経団連と日本公認会計士協会の間で協定が結ばれたことに始まる。その後，次年度監査，第3次監査，第4次監査，第5次監査の各段階においても協定が締結され，最終的に，正規の財務諸表監査が開始される1957年に「証券取引法監査の報酬規定」として，同じく経団連との協定が締結されて，法定監査の実施に適用されたのである。

　その後，日本公認会計士協会が1966年の公認会計士法改正によって特殊法人化されると，公認会計士法の規定上，次のような規定が置かれることとなった。

第44条　協会は，会則を定め，これに次に掲げる事項を記載しなければならない。
　　　　　　　　　　　　＜中略＞
十　会員の受ける報酬に関する標準を示す規定
　　　　　　　　　　　　＜以下略＞

　この規定によって，それまで自主規制であった標準報酬規定は，法的裏付けを持つものとなったのである。

　上記の法定化に伴い，「証券取引法監査の報酬規定」は，1965年に「証券取引法監査の標準報酬規定」と改称され，その後，1974年の商法特例法の制定を見据えて，1973年には「法定監査の標準報酬規定」と改称された。同規定は，2003年公認会計士法改正によって上記の第44条第10項が削除されるまで続いたのである。

なお，かかる標準報酬規定とは別に，法定監査以外の業務報酬等をも包含して規定すべく「公認会計士報酬規定」[1]も設けられていた。

標準監査報酬規定は，1957年に始まり，最終改訂は2002年4月である。標準監査報酬は，物価や民間企業の賃金を勘案して上昇率が定められており，たとえば，最後の2002年改訂では，人件費部分（2000年及び2001年の民間主要企業春季賃上げ率合計4.07％）と経費部分（GDPデフレーター（マイナス3.43％）による物価変動率に所定の割合2割をかけたもの）を勘案して，3.4％の上昇率となっている。

同改訂後の基本報酬と執務報酬は次のとおりである。

基本報酬		執務報酬	
東証一部上場会社	9,950千円	責任者（25日まで）	2,480千円
東証二部上場会社	6,850千円	公認会計士（1日につき）	89千円
その他	5,750千円	会計士補（1日につき）	55千円

こうした標準監査報酬規定には，企業及び監査人が監査契約を結ぶに当たっての目安になるという利点がある反面，以下のような問題点がある。
● 企業の規模やリスクではなく，東証一部上場といった基準で基本報酬が決まっていること。したがって，同じ一部上場企業であれば，売上高1兆円超の企業も売上高数十億円の企業も，同じ基本報酬となること。
● 執務報酬を日数によって計算していること。したがって，執務時間にかかわらず，たとえ1時間の業務であっても1日として計算される一方，何時間もかけた業務であっても同じ1日のうちであれば，1日としかカウントされないこと。

---

1)「公認会計士報酬規定」（1998年7月6日改訂）によれば，たとえば，財務書類の監査証明の基本報酬は，1事業年度（1か年）につき総資産額500億円以上であれば報酬額2,000万円以上，総資産額300億円以上であれば報酬額1,490万円以上というように，総資産額に応じて標準額が示されていた。また，作業日数に応じて基本報酬に加算される執務報酬として，責任者は執務日数1日につき10万9,500円以上，補助者たる公認会計士は1日につき9万1,500円以上，会計士補は1日につき6万500円以上という標準額が示されていた。

- 公認会計士と会計士補という資格によってしか，執務報酬額が計算されないこと。したがって，多くの報酬を得るためには，会計士の関与が必要となること。
- 算定された標準監査報酬額が，実質的には，当該契約における監査報酬の上限（シーリング）のように扱われていたこと。つまり，標準監査報酬が算定されたとしても，実際にその金額が支払われるのではなく，その金額を基準（スタートライン）として値引き交渉が行われていたこと。

　こうした標準監査報酬規定制度については，2002年12月に公表された金融審議会公認会計士制度部会「公認会計士監査制度の充実・強化」において，規制緩和の観点から，「監査の複雑化・専門化・高度化に応じて，監査内容に見合った対価として監査報酬は位置付けられるべきであり，公認会計士協会の会則記載事項としての標準監査報酬規程（原文ママ）については廃止することが適切である。」（各論，5(8)②）との見解が示された。また，標準監査報酬規定は価格カルテルの一種であり，独占禁止法に抵触するのではないかとの懸念もあった。そして，2003年の公認会計士法改正において前述の第44条第10項が削除され，それを受けて日本公認会計士協会の会則も変更され，2004年4月1日以後，標準監査報酬規定制度は廃止されたのである。

　したがって，現在では，監査報酬額についての法規はなく，また日本公認会計士協会の標準規定も置かれていない。監査報酬額の決定は，当事者間の交渉に完全に委ねられているのである[2]。

---

2) 2004年2月17日に公表された会長通牒「改正公認会計士法の施行に当たって」では，会員がその業務内容等に基づいて報酬を被監査会社に請求することになるが，適切かつ十分な監査日数を確保した上で適正な報酬が算出されるように留意することと，少なくとも低廉報酬に該当するとして日本公認会計士協会から注意喚起されることがないようにと要望している。

第 2 章　監査報酬に関する制度

② 標準監査報酬規定廃止後の対応

　標準監査報酬規定廃止後においても，日本公認会計士協会では，監査報酬の算定規準やそれに関連する報告書等を公表してきている。それを一覧にすると，次のとおりである。

年月日	公表物
2003年10月	「監査報酬算定のためのガイドライン（標準監査報酬規定廃止後の新しい監査報酬制度）」
2004年3月17日	報告書「国際比較に基づく監査時間数増加の提言」
2004年9月16日	会長通牒「監査実務の充実に向けて－十分な監査時間数の確保の必要性－」
2005年3月	「監査実施状況調査」（2004年度分）の一般向け公表開始（以後，毎年度公表）
2005年6月	「監査の充実強化策に関する提言」（中間報告）」
2006年9月	監査・保証実務委員会研究報告第18号「監査時間の見積りに関する研究報告（中間報告）」
2008年6月	監査・保証実務委員会研究報告第18号「監査時間の見積りに関する研究報告」（中間報告の改正）

　以下，それぞれの概要をみていくこととしよう。

ⓐ 監査報酬算定のためのガイドラインと監査実施状況調査

　2003年10月，日本公認会計士協会は，標準監査報酬規定制度廃止後の監査報酬決定の参考に供するとともに，適正な監査の実施に対する社会の要請に応えるため，「監査報酬算定のためのガイドライン（標準監査報酬規定廃止後の新しい監査報酬制度）」を公表した（日本公認会計士協会［2003］）。

　このガイドラインでは，公認会計士が提供した監査サービスと監査報酬との対応関係の明瞭性及び合理性，ならびに諸外国における監査報酬制度の状況等を勘案して，監査報酬の決定方式として，タイムチャージ方式が推奨されている。タイムチャージ方式とは，被監査会社からの受託業務に関与した公認会計士，会計士補及びその他の監査業務従事者の執務時間に当該公認会計士等の請

35

求報酬単価（チャージレート）を乗ずることによって監査報酬額を計算する方法である。

また，日本公認会計士協会では，以前から，会員向けに，監査報酬等の状況をまとめた「監査実施状況調査」を作成してきたが，2005年3月に，2004年4月期決算から2005年3月期決算までを対象とした調査結果を公表した。同調査の前文によれば，「（本調査は）会員の監査の充実にご活用いただくために，公表するものでありますが，公認会計士報酬規定が廃止されたことに伴い，会員以外の方が報酬の状況について知り得ることにも配慮しております」[3)]と述べられており，標準監査報酬規定の廃止によって開示が開始されたものと解される。監査実施状況調査は，その後現在に至るまで毎年度公表されており，現在は，監査概要書及び会社法監査実施報告書，ならびに信金・信組・労金の監査実施報告書，学校法人監査実施報告書等に基づいて，金融商品取引法監査，会社法監査などの種類別に，監査従事者数（1社平均），監査時間数（1社平均），監査報酬額の平均・最高額・最低額が示されている[4)]。

ⓑ 報告書「国際比較に基づく監査時間数増加の提言」と会長通牒「監査実務の充実に向けて」

タイムチャージ方式によって監査報酬額を決定する場合にはいうまでもないが，一般的にも，監査報酬の多寡は監査時間に正比例すると考えられる。監査人の業務量やスキル等のその他の条件を一定と考えるならば，監査時間が少ないことは，監査の品質が低いおそれがあることを意味する。この点について，日本公認会計士協会は，監査時間に関する国際調査を実施し，2004年3月にその結果を報告書「国際比較に基づく監査時間数増加の提言」（日本公認会計士協会［2004b］）として公表している。

---

3) 日本公認会計士協会リサーチセンター「監査実施状況調査」2005年3月11日。（http://www.hp.jicpa.or.jp/specialized_field/main/post_542.html, visited at 2012/02/07）
4) 監査実施状況調査は，日本公認会計士協会の機関誌である『会計・監査ジャーナル』に掲載されるとともに，日本公認会計士協会のウェブサイトにおいても開示されている。

同報告は，仮設のモデルを元に，日本及び海外5か国の監査事務所において監査業務に必要な監査時間を算定してもらい，その結果を比較したものである。それによれば，海外企業の監査時間は日本企業のそれに比べて1.1倍ないし2.8倍であった[5]。

同報告は，後述するように，2004年から標準監査報酬規定に基づかない監査契約が開始されるのを前に，適切な監査時間の確保と，それを元にした監査報酬の算定の必要性を明らかにすることを目途として行われたものである。当時は，2002年1月改訂の監査基準が2003年3月期決算の財務諸表監査から適用されており，わが国においても本格的なリスク・アプローチに基づく監査実務が緒に就いた時期でもあったため，監査人側が監査報酬の増額を求めていたといわれている。日本経済新聞が調査したところによれば，日米の監査報酬には大きな格差があることが明らかであるが，他方で，同紙が日本の上場企業に対して実施したアンケートによると監査報酬の増額に対しては否定的な声が大きかったという[6]。

また，2004年9月16日に公表された会長通牒「監査実務の充実に向けて―十分な監査時間数の確保の必要性―」（日本公認会計士協会［2004a］）では，上記の監査時間に関する国際比較調査の結果及び品質管理レビュー等から明らかになった監査時間の不足という状況を踏まえて，監査の信頼性を高めるためには，効率的な監査の実施を前提としつつ，監査基準等の遵守，品質管理の徹底などのために十分な監査時間数の確保が必要であるとの見解が示された。

ⓒ **監査の充実強化策に関する提言と監査時間の見積りに関する研究報告**

続いて，2005年3月のカネボウ事件の発覚を受けて2005年6月に公表された「監査の充実強化策に関する提言」（中間報告）」（日本公認会計士協会［2005］）においても，上記2004年9月の会長通牒発出後の監査環境の変化を踏まえ，監

---

5) なお，実際の日本とアメリカの監査事務所の監査時間数を調査した結果とその分析については，町田［2012］を参照のこと。
6)「監査報酬値上げ　企業の8割反対」『日本経済新聞』，2004年4月21日，17面。

査実務の充実のための具体的施策を改めて提言している。

ここに監査環境の変化とは，(1)有価証券報告書における大株主の状況等の虚偽記載や情報サービス産業における粉飾決算の発覚などを背景とする，監査に対する経済社会からの期待の一層の高まり，(2)一連の監査基準委員会報告書の改正による国際監査基準とのコンバージェンスの進展，とくに事業上のリスク等を重視したリスク・アプローチによる監査の要求，(3)公認会計士・監査審査会のモニタリング下での監査の質の管理への対応の必要性及び(4)財務報告にかかる内部統制監査の制度化の可能性をいう。

同提言においては，監査報酬について，まず，リスク・アプローチの一層の徹底との関係で，監査計画の策定，内部統制の評価手続，評価結果の程度に応じた実証手続の実施，監査実施プロセスで求められる文書化の作業などから，監査総時間数は相対的に増加するはずであるにもかかわらず，品質管理レビューや「監査実施状況調査」によれば監査総時間は増加していないことが指摘され，会員に対して適正な監査時間の確保を求めるとともに，利害関係者の理解を得やすい監査時間数の見積り例を示す必要性が指摘された。

また，独立性確保などの倫理規定の遵守の観点から，監査業務の品質が損なわれるような不当に低廉な報酬による契約締結は監査業務の社会的な信頼性を失墜させる可能性があり，日本公認会計士協会は不当な低廉報酬の事例には毅然とした態度で臨む方針が表明された。

さらに，適正な監査時間の確保には監査制度にかかわる利害関係者の理解が欠かせないという根本的な問題に対して，日本公認会計士協会として一層の広報活動に取り組む方針が示されている。

かかる提言を受けて，日本公認会計士協会の監査・保証実務委員会では，「利害関係者の理解を得やすい監査時間数の見積り例」を示すべく検討を行い，2006年9月に監査・保証実務委員会研究報告第18号「監査時間の見積りに関する研究報告」（中間報告）を公表した。同報告は，その後，内部統制監査や四半期レビューの制度化を踏まえて2008年6月に改正され，最終報告として公表されている。

同最終報告（日本公認会計士協会［2008］）では，被監査会社の状況に応じて必要な作業を積み上げ，監査時間を見積もる場合の考え方及び見積りの過程が示されている。具体的には，監査時間を見積もるための手法としてボトムアップ見積りの手順が説明され，監査時間の見積りに当たって考慮すべき事項として①リスク・アプローチに基づく監査の実施，②監査時間の見積りに影響を与える諸要因（被監査会社の規模及び複雑性，被監査会社における過去の監査結果の利用，被監査会社の固有の事情など），③監査の効率化の必要性が説明されている。また，付録においては，具体的に，モデルとなる被監査会社を想定して監査に必要な時間を見積った見積例が示されている。

(2) 公認会計士法による規制

監査報酬に関する制度は，先に述べたように，諸外国では，非監査報酬の増大とそれによる監査人の独立性の侵害に対する牽制を目的として導入されたと捉えることができる。日本においても，2003年公認会計士法の改正によって，非監査業務を原則禁止とする規定が導入された。

しかしながら，そもそも日本では，監査人たる公認会計士または監査法人の業務は，ほとんどが公認会計士法に定める監査証明業務に特化されており，非監査業務の同時提供はあまり行われてこなかったことから，アメリカ等における非監査業務と監査業務の同時提供禁止ほどの影響はなかったと解される。

ここでは，監査人の独立性規制との関連で，2003年改正以降に導入された公認会計士法及び関連法規における非監査報酬（監査証明業務と非監査証明業務の同時提供）に関する規定について整理しておくこととする。

① 被監査会社との著しい利害関係

公認会計士法第24条第1項第3号は，公認会計士が著しい利害関係を有する

会社その他の者の財務書類については，監査証明業務を行ってはならないとする制限を設けている。この著しい利害関係は，公認会計士又はその配偶者と被監査会社等との間の関係をいい，公認会計士法施行令第7条第1項に具体的な関係が示されている。同条第1項第6号及び第7号は，公認会計士又はその配偶者が，被監査会社等から，あるいは被監査会社等の役員等又は過去1年以内もしくは監査関係期間内にこれらの者であった者から，税理士業務その他公認会計士法の定める監査証明業務及び非監査証明業務以外の業務により継続的な報酬を受けている場合，当該被監査会社との間に著しい利害関係があるとする。

また，公認会計士法第34条の11第1項第4号は，監査法人について，第24条第1項第3号と同趣旨の制限を設けている。この場合の著しい利害関係は，監査法人又はその社員と被監査会社等との間の関係をいう。

② 大会社等に係る業務の制限の特例

公認会計士法第24条の2は，公認会計士について，当該公認会計士，その配偶者，または当該公認会計士もしくはその配偶者が実質的に支配していると認められる関係を有する法人その他の団体が，大会社等から非監査証明業務により継続的な報酬を受けている場合には，当該大会社等の財務書類について，監査証明業務を実施することを禁じている。

ここで，大会社等とは，以下のいずれかに該当する者をいう。

```
公認会計士法第24条の2
1　会計監査人設置会社
2　金融商品取引法第百九十三条の二第一項又は第二項の規定により監査証明
　を受けなければならない者
3　銀行法第二条第一項に規定する銀行
4　長期信用銀行法第二条に規定する長期信用銀行
5　保険業法第二条第二項に規定する保険会社
```

> 6　前各号に掲げる者に準ずる者として政令で定める者

　また，公認会計士法第34条の11の２は，監査法人について，第24条の２と同趣旨の業務制限特例を設けている。この特例は，監査法人の社員が大会社等から非監査証明業務により継続的な報酬を受けている場合にも適用される。

　ここで，監査証明業務を実施している場合に，同時提供が禁止される非監査証明業務とは，以下の業務を指すものと規定されている。

> 公認会計士法施行規則第６条
> 1　会計帳簿の記帳の代行その他の財務書類の調製に関する業務
> 2　財務又は会計に係る情報システムの整備又は管理に関する業務
> 3　現物出資財産その他これに準ずる財産の証明又は鑑定評価に関する業務
> 4　保険数理に関する業務
> 5　内部監査の外部委託に関する業務
> 6　前各号に掲げるもののほか，監査又は証明をしようとする財務書類を自らが作成していると認められる業務又は被監査会社等の経営判断に関与すると認められる業務

③　監査報告書での開示

　公認会計士法第25条第２項は，公認会計士に対して，会社その他の者の財務書類について証明をする場合には，当該会社その他の者と利害関係を有するか否か及び利害関係を有するときはその内容その他の内閣府令で定める事項を監査報告書に明示しなければならないとする。この規定は監査法人にも準用される（第34条の12第３項）。

　公認会計士等に係る利害関係に関する内閣府令第８条は，この記載事項の１つとして，当該公認会計士または当該監査法人が公認会計士法第24条の２に規定する大会社等から非監査証明業務により継続的な報酬を受けている場合には，その旨を開示することを求めている。

以上のように，かつて公認会計士法は，日本公認会計士協会の会則に標準監査報酬の規定を置くことを定めていた。しかし，現行の公認会計士法では，監査人が監査証明業務を行っている大会社等から「非監査証明業務により継続的な報酬を受けている場合」には，監査報告書にその旨を開示することという規定が，監査報酬に関する唯一の規定である。ただし，監査人は，前掲の公認会計士法施行規則第6条に挙げられている業務を監査証明業務と同時に実施することはできないため，実際には，そうした開示が行われることはほとんどないものと解される。

(3) 商法／会社法による規制

　商法／会社法による規制は，営業報告書／事業報告における監査報酬関連情報の開示規制として実施されてきている。商法施行規則において始められた監査報酬開示規制は，2004年4月に開始する事業年度からの適用であり，標準監査報酬規定の廃止と時期を同じくしている。同時に，かかる商法施行規則の改正は2002年に行われたものであり，エンロン事件の背景となった監査事務所による非監査報酬の同時提供問題に対応する趣旨であったといわれている。

　また，未解決の論点として，会計監査人の監査報酬の決定権の問題，すなわち，いわゆるインセンティブのねじれの問題がある。

① 監査報酬開示規制

　ⓐ 商法施行規則

　2002年の改正により，商法施行規則に，「連結特例規定適用会社等の特例」として営業報告書における監査報酬の開示に関する規定が設けられた（第105条第1項）。

連結特例規定適用会社は，営業報告書において，(1)連結特例規定適用会社の会計監査人に対して当該連結特例規定適用会社及びその子法人等が支払うべき金銭その他の財産上の利益の合計額，(2)(1)の合計額のうち監査証明業務報酬の合計額，(3)(2)の合計額のうち連結特例規定適用会社の支払うべき会計監査人としての報酬その他の職務遂行の対価である財産上の利益の額を開示しなければならない。この規定は2004年4月に開始する事業年度から適用された。

ⓑ 会社法施行規則

その後，2005年7月に会社法が制定されると，2006年2月に公表された会社法施行規則では，第126条において会計監査人設置会社における事業報告の内容を規定している。

会社法の下では，会計監査人は取締役や監査役と同様に会社の機関として位置付けられた。取締役や監査役と同様に株主総会において選任され，会社の機関として位置付けられている会計監査人についての報酬額の開示は，いわゆるコーポレート・ガバナンスに係るディスクロージャーの一環として解することができるであろう。

現行の会社法施行規則における監査報酬に関係する開示事項は以下のとおりである。

会社法施行規則第126条
　株式会社が当該事業年度の末日において会計監査人設置会社である場合には，次に掲げる事項（株式会社が当該事業年度の末日において公開会社でない場合にあっては，第2号から第4号までに掲げる事項を除く。）を事業報告の内容としなければならない。
2　当該事業年度に係る各会計監査人の報酬等の額
3　会計監査人に対して公認会計士法第2条第1項の業務以外の業務（以下この号において「非監査業務」という。）の対価を支払っているときは，その非監査業務の内容

<中略>

> 8　株式会社が法第444条第3項に規定する大会社であるときは，次に掲げる事項
> 　イ　当該株式会社の会計監査人である公認会計士（公認会計士法第16条の2第5項に規定する外国公認会計士を含む。以下この条において同じ。）又は監査法人に当該株式会社及びその子会社が支払うべき金銭その他の財産上の利益の合計額（当該事業年度に係る連結損益計算書に計上すべきものに限る。）
> 　ロ　当該株式会社の会計監査人以外の公認会計士又は監査法人（外国におけるこれらの資格に相当する資格を有する者を含む。）が当該株式会社の子会社（重要なものに限る。）の計算関係書類（これに相当するものを含む。）の監査（法又は金融商品取引法（これらの法律に相当する外国の法令を含む。）の規定によるものに限る。）をしているときは，その事実
> 　　　　　　　　　　　　＜以下略＞

　ただし，上記の規定にみられるように，同条第2項及び第3項は，会社が当該事業年度の末日において会社法上の公開会社でない場合には開示しなくてよいものであり，また，同第8項は，会社が事業年度の末日において大会社であって，有価証券報告書を内閣総理大臣に提出しなければならない場合に連結計算書類の作成義務を負うことから，有価証券報告書提出会社である大会社における強制的記載事項であると解される。

　[資料1]は，新日本製鐵株式会社の第86期（2010年4月1日―2011年3月31日）事業報告における会計監査人の報酬に関する記載例である。

[資料1]　事業報告における記載例

> 5．会計監査人に関する事項
> ●氏名又は名称
> 　有限責任 あずさ監査法人
> 　（注）Nippon Steel U.S.A., Inc.その他の外国子会社は，上記の会計監査人以外の監査法人から監査を受けております。

●会計監査人の報酬等の額

①会計監査人としての報酬等の額	103,000,000円
②当社及び当社子会社が支払うべき監査証明業務の対価としての報酬等の額	596,987,500円
③当社及び当社子会社が支払うべき金銭その他の財産上の利益の合計額	617,892,500円

(注) ①については,会社法上の監査業務と金融商品取引法上の監査業務の報酬が明確に区分されておらず,かつ実質的にも区分できないことから,その合計値を記載しております。

② 会計監査人の報酬の決定権

　会社法上,会計監査人の選任議案や監査報酬の決定は,監査役(会)設置会社においては取締役会の権限とされており,これらに関する監査役(会)の関与は同意権(法第344条,第399条第1項,第2項)によるものとされている。また,委員会設置会社においては,選任議案の決定は監査委員会の権限とされている(法第404条第2項第2号)が,監査報酬の決定についての監査委員会の関与は,同意権によるものとされている(同法第399条第3項)。このことに関して,監査人が監査の対象である被監査会社の経営者との間で監査契約を締結し,監査報酬が被監査会社の経営者から監査人に対して支払われる現在の仕組みは,インセンティブ構造がねじれているのではないかという問題提起が以前よりなされてきている。

　金融審議会公認会計士制度部会報告「公認会計士・監査法人制度の充実・強化について」(金融審議会 [2006]) は,インセンティブのねじれを解消するために,監査人の選任議案・報酬の決定権を監査役の権限とすることについて関係当局における早急かつ真剣な検討を求めた。また,公認会計士法等の一部を改正する法律案に対する附帯決議(2007年6月8日衆議院財務金融委員会,2007年6月15日参議院財政金融委員会)においても,「監査人の選任決議案の決定権や監査報酬の決定権限を監査役に付与する措置についても,引き続き真剣な検討を行い,早急に結論を得るよう努めること。」とされている。さらに,

日本公認会計士協会は，2009年6月に，法務大臣（法制審議会を管轄）及び金融担当大臣（金融審議会を管轄）に対して，会計監査人の監査報酬の決定権限を監査役または監査役会もしくは監査委員会に与えることの検討を求める要望書を提出した（日本公認会計士協会［2009a］及び［2009b］）。

会社法制について企業統治の在り方や親子会社に関する規律等の見直しを検討するために，2010年4月から開催されている法制審議会会社法制部会は，1年8ヶ月にわたる議論を経て，2011年12月に「会社法制の見直しに関する中間試案」（法制審議会［2011］）を公表したが，この試案には「会計監査人の選解任等に関する議案等および報酬等の決定」に関する以下の提案が示されている。

第一部　企業統治の在り方
　第2　監査役の監査機能
　1　会計監査人の選解任等に関する議案等及び報酬等の決定
【A案】監査役（監査役会設置会社にあっては，監査役会）及び監査委員会は，会計監査人の選解任等に関する議案等及び報酬等についての決定権を有するものとする。
【B案】監査役（監査役会設置会社にあっては，監査役会）及び監査委員会は，会計監査人の選解任等に関する議案等についての決定権及びその報酬等についての同意権を有するものとする。
【C案】現行法の規律を見直さないものとする。

これらの案について，中間試案とともに法務省民事局参事官室から公表された「会社法制の見直しに関する中間試案の補足説明」によれば，会社法制部会では，「会計監査人の独立性は，監査役若しくは監査役会又は監査委員会が現行法の下において有する上記の権限を適切に行使することによって確保し得る」との指摘があり，また，監査役が業務執行から分離された監査の専門機関としてその地位が強化されてきていることに鑑みて，「監査役又は監査役会に，業務執行に関わる事項の決定権を付与することについては，監査役又は監査役会の決定に対する是正が必要となった場合に，監査役の地位を強化する上記仕組みとの関係で，監査役の交代による是正の余地が限定されることなどからも，

適切でない」との指摘があったと述べられている。
　とくに，上記のB案において，会計監査人の報酬については同意権のみを監査役会等に付与する案が示されているのは，現行法の監査委員会の権限を監査役または監査役会にも与えるという趣旨である。
　中間試案に対するパブリック・コメントの手続の期間は，2011年12月14日から2012年1月31日までであり，日本公認会計士協会，日本監査役協会及び日本弁護士連合会等はA案を支持し，経団連や経済同友会等はC案支持を表明している。

(4) 証券取引法／金融商品取引法による規制

　証券取引法／金融商品取引法による規制の中心は，企業内容等の開示に関する内閣府令に基づく有価証券届出書・有価証券報告書等における監査報酬関連情報の開示規制である。
　2003年3月の企業内容等の開示に関する内閣府令の改正により，2003年4月以後開始事業年度の有価証券届出書や有価証券報告書などの法定開示書類には，リスクに関する情報，経営者による財務・経営成績の分析（MD&A）とともに，コーポレート・ガバナンスに関する情報を開示することが求められた。開示が求められたのは「提出会社の企業統治に関する事項」であり，その例示として，会社機関の内容，内部統制システムの整備状況，リスク管理体制の整備の状況，役員報酬の内容（社内取締役と社外取締役に区分した内容），監査報酬の内容（監査契約に基づく監査証明に係る報酬とそれ以外の報酬に区分した内容）[7]が示され，これらについて具体的にかつわかりやすく記載するものとされた（第二号様式・記載上の注意（52-2）a）。したがって，監査報酬の開示はあくまでも

---

[7] 企業内容等の開示に関する内閣府令の改正（2005年3月31日）により，監査報酬の内容は，「公認会計士法第2条第1項に規定する業務に基づく報酬」と「それ以外の業務に基づく報酬」に区分開示するよう明確化が図られた。

任意であって義務ではなかった[8]。監査報酬に関する開示（内容，形式等）が義務化されたのは2008年4月1日以後開始事業年度からである。

現在の有価証券報告書等に関する開示規定である第三号様式・記載上の注意(38)（第二号様式・記載上の注意(58)に準じる）によれば，「監査報酬の内容等」として，以下の事項を開示しなければならない。

> a 最近2連結会計年度（連結財務諸表を作成していない場合には最近2事業年度。以下この様式において同じ。）において，提出会社及び提出会社の連結子会社が監査公認会計士等（第19条第2項第9号の4に規定する公認会計士等をいう。以下この様式及び第二号の五様式において同じ。）に対して支払つた，又は支払うべき報酬について，監査証明業務（公認会計士法第2条第1項に規定する業務をいう。以下この様式及び第二号の五様式において同じ。）に基づく報酬とそれ以外の業務（以下この様式及び第二号の五様式において「非監査業務」という。）に基づく報酬に区分して記載すること。
> b aにより記載する報酬の内容のほか，提出会社の監査報酬等の内容として重要な報酬の内容（例えば，提出会社の連結子会社の財務書類について監査証明業務に相当すると認められる業務を行う者（監査公認会計士等と同一のネットワーク（共通の名称を用いるなどして二以上の国においてその業務を行う公認会計士又は監査法人及び外国監査事務所等（外国の法令に準拠し，外国において，他人の求めに応じ報酬を得て，財務書類の監査又は証明をすることを業とする者をいう。）によつて構成される組織をいう。）に属する者に限る。）に対して，当該連結子会社及び提出会社がそれぞれ支払つた，又は支払うべき報酬の内容）について具体的に，かつ，分かりやすく記載すること。
> c 最近2連結会計年度において，非監査業務に基づく報酬（提出会社が監査公認会計士等に対して支払つた，又は支払うべきものに限る。）があるときは，当該非監査業務の内容を記載すること。
> d 提出会社が監査公認会計士等に対する報酬の額の決定に関する方針を定めているときは，当該方針の概要を記載すること。

---

[8] 2004年3月末時点での東京証券取引所上場会社2,134社のうち3月決算の会社1,720社を対象とした調査では，監査報酬の内容を開示していない会社（「監査法人より提示された見積監査時間及び時間報酬単価を勘案して合意した額」といった記載はしているが，金額を明示していない会社を含む）は223社（13.0％）であった（林・町田・松本［2005］）。

[資料2]は、株式会社りそなホールディングスの有価証券報告書（2010年4月1日—2011年3月31日）における「監査報酬等の内容」の記載例である。

[資料2] 有価証券報告書における記載例

① 【監査公認会計士等に対する報酬の内容】

区分	前連結会計年度		当連結会計年度	
	監査証明業務に基づく報酬（円）	非監査業務に基づく報酬（円）	監査証明業務に基づく報酬（円）	非監査業務に基づく報酬（円）
提出会社	175,730,000	4,700,000	231,240,000	47,700,000
連結子会社	491,080,000	2,400,000	479,730,000	2,400,000
計	666,810,000	7,100,000	710,970,000	50,100,000

② 【その他重要な報酬の内容】

前連結会計年度

　当社の連結子会社であるりそなプルダニア銀行（P.T.Bank Resona Perdania）は、当社の会計監査人と同一のネットワークに属しているOsman Bing Satrio & Rekan（Member of Deloitte Touche Tohmatsu, a Swiss Verein）に対して、2009年12月事業年度の監査報酬等を支払っております。

当連結会計年度

　当社の連結子会社であるりそなプルダニア銀行（P.T.Bank Resona Perdania）は、当社の会計監査人と同一のネットワークに属しているOsman Bing Satrio & Rekan（Member of Deloitte Touche Tohmatsu Limited, a UK private company limited by guarantee）に対して、2010年12月事業年度の監査報酬等を支払っております。

③ 【監査公認会計士等の提出会社に対する非監査業務の内容】

前連結会計年度

　当社が会計監査人に対して報酬を支払っている非監査業務は、会計処理に関する相談業務等であります。

当連結会計年度

　当社が会計監査人に対して報酬を支払っている非監査業務は、国際財務報告基準（IFRS）に関する指導、助言業務等であります。

> ④【監査報酬の決定方針】
>   会計監査人の独立性を担保し，会計監査人による監査の実効性と信頼性を確保するため，当社の監査報酬の決定におきましては，会計監査人から年間の監査計画，監査見積もり日数及び単価の提示を受け，その妥当性を確認して報酬額を決定することとしております。

なお，後述の第3章において取り上げているわが国の上場会社の監査報酬データは，上記の開示に基づいて，EDINET等を通じて収集したところを，2007年以来5年間にわたって『上場企業監査人・監査報酬白書』として刊行してきたものに基づいている。

3 アメリカの監査報酬に関する制度

アメリカにおける監査報酬に関する規制は，先に述べたとおり，監査人の独立性の観点から，監査報酬及び非監査報酬に関する情報開示と，監査証明業務と非監査証明業務の同時提供の制限について定めている。

① ASR第250号による開示要求

アメリカ証券取引委員会（SEC）は，1978年6月に会計連続通牒（Accounting Series Releases: ASR）第250号（SEC［1978］）を公表し，SEC登録企業に対して，株主宛委任勧誘状（Proxy Statement）において，非監査報酬総額の監査報酬に対する割合，個々の非監査報酬額の監査報酬に対する割合（この割合が3％を超える場合には業務内容の説明）及び監査委員会または取締役会が当該非監査業務を承認したかどうかを開示することを要求した。また，翌1979年6月に公表されたASR第264号（SEC［1979］）では，経営指導業務の提供が監

査人の独立性に及ぼす影響に関するSECの懸念が表明され，監査人は，経営指導業務を実施する前に，非監査業務から得られる報酬と監査報酬の関係を検討することが求められた。

ASR第250号と同第264号は，主に監査人の独立性の観点から，どちらかというと監査報酬ではなく非監査報酬に焦点を合わせていたが，非監査報酬の割合だけで監査人の独立性の問題を議論しているのではないか，非監査業務のすべてについて独立性への影響が問われるのか，といった批判がなされた。そのためSECは，1981年8月にASR第296号（SEC [1981]）を公表してASR第264号を廃止し，1982年1月にはASR第304号（SEC [1982]）によりASR第250号を廃止した。この後も非監査業務の提供が監査人の独立性に及ぼす影響を巡る議論は続いたが，2000年まで監査報酬及び非監査報酬に関する情報が開示されることはなかった。

② **2000年SEC規則**

SECは，2000年11月に，監査人が受け取る報酬の開示を求める規則（SEC [2000]）を公表し，2001年2月5日以降に提出する株主宛委任勧誘状において，会社が監査人に支払う監査報酬及び非監査報酬の金額を業務ごとに開示することを求めた。具体的には，監査人が受け取る報酬は，(1)監査報酬，(2)財務情報システムの設計と導入に関する報酬，(3)その他の非監査報酬に区分して開示することが要求された。

このSEC規則の特徴は，ASR第250号と異なり，監査報酬及び非監査報酬について，割合ではなく金額の開示を求めた点にある。また，このSEC規則では，監査業務との同時提供によって監査人の独立性が損なわれる可能性がある非監査業務として，①被監査会社の会計記録または財務諸表に関連する簿記またはその他の業務，②財務情報システムの設計と導入，③鑑定・評価または第三者意見表明（fairness opinion），④保険数理，⑤内部監査，⑥経営管理，⑦人事管理，⑧ブローカーまたはディーラー業務，及び⑨法務を示した。これらの非

監査業務のうち，②財務情報システムの設計と導入に対する報酬のみが独立して開示され，他の非監査業務は一括開示が求められた。

③ 2003年SEC規則

2000年SEC規則は，エンロン事件を契機として制定されたSOX法の影響により見直されることとなった。SOX法は，監査業務との同時提供を禁止する非監査業務として8つの業務を示している。これらの非監査業務は，上述の2000年SEC規則に示された9つの業務と実質的に同じである（⑥経営管理と⑦人事管理が一括りとされた）。なお，税務業務やその他の禁止されていない非監査業務については，監査委員会の事前承認を得ることを条件として，監査業務との同時提供が認められている。

2003年1月に公表された現行のSEC規則（SEC［2003］）[9]では，登録会社は，株主宛委任勧誘状において，最近2会計年度に監査人に対して支払った報酬を，①監査報酬（財務諸表の監査，四半期財務諸表のレビュー，または法定の開示書類について通常提供される業務に対する報酬），②監査関連報酬（財務諸表の監査またはレビューに関連して提供される保証業務または関連業務であって①に含まれないものに対する報酬），③税務報酬，④その他のすべての報酬に区分して開示することが求められている。

［資料3］は，General Electric社の株主宛委任勧誘状（2010年12月31日に終了する事業年度）における報酬に関する開示例である。

---

9) *Securities and Exchange Commission, General Rules and Regulations on Securities Exchange Act of 1934*, §240.14a-101, Schedule 14A, Information required in proxy statement, Item 9.

第2章 監査報酬に関する制度

[資料3] SEC登録企業の株主宛委任勧誘状における開示例

> 2009年及び2010年にKPMGが提供したさまざまな業務について請求された合計金額は，以下のとおりである。
>
> | 報酬の種類 | 2010年 | 2009年 |
> |---|---|---|
> | | (百万ドル) | |
> | 監査報酬 | 89.8 | 88.8 |
> | 監査関連報酬 | 9.7 | 13.3 |
> | 税務報酬 | 9.3 | 8.0 |
> | その他のすべての報酬 | 0.0 | 0.0 |
> | 合計 | 108.8 | 110.1 |
>
> SEC規則に従い，上表において，「監査報酬」は，様式10-Kの年次報告書に記載されるGE社の年次財務諸表の監査及び様式10-Qの四半期報告書に記載される財務諸表のレビューについて，財務報告にかかる有効な内部統制がすべての重要な点について維持されているかどうかに関する合理的な保証を得ることを目的とするGE社の財務報告にかかる内部統制の監査について，ならびに法定の提出書類等に関連して監査人が提供する諸業務について，GE社がKPMGに支払った報酬である。「監査関連報酬」は，GE社がサーベインズ・オックスリー法第404条及び関連規則を遵守することを支援する業務を含めて，GE社の財務諸表及び財務報告にかかる内部統制の監査またはレビューの実施に合理的に関連する保証業務及び関連業務に対する報酬である。「監査関連報酬」は合併・買収にかかるデュー・デリジェンス及び監査業務ならびに従業員退職年金制度の監査も含む。「税務報酬」は，税法の遵守，税務に関する助言及びタックス・プランニングに対する報酬であり，「その他のすべての報酬」は，上記3つの分類に該当しない他のすべての業務に対する報酬である。

　以上のように，アメリカにおける現在の監査報酬に関する開示規制は，先に示したわが国の有価証券報告書等における開示規制とほぼ同様のものとなっている。

　両者の相違点として，まず，日本では，親会社に対する業務による報酬と子会社に対する業務による報酬が区分されている点が指摘できる。また，日本では，監査証明業務に基づく報酬と非監査業務に基づく報酬とに区分して記載す

ることが求められているのに対して，アメリカでは，非監査業務がさらに監査関連報酬，税務報酬及びその他の報酬に区分されている。

前者については，アメリカでは，そもそも連結財務諸表のみが開示されることから，両者を区分する必要性がない。後者については，日本では，監査人たる公認会計士または監査法人が税務業務を提供することは認められていないこと及び監査関連報酬に属する保証業務の提供が実態として非常に少ないこと等を背景としているものと考えられる。いずれにしても，これらの相違点は，監査報酬の実態を把握するという目的には何ら影響しないように思われる。

なお，第3章で比較対象として挙げているアメリカの監査報酬データは，上記の開示をもとに作成されたIves Group Inc.のAudit Analytics®というデータ・ベースに依拠している。

参考文献

金融審議会［2006］公認会計士制度部会報告「公認会計士・監査法人制度の充実・強化について」金融庁。

日本公認会計士協会［2003］「監査報酬算定のためのガイドライン（標準監査報酬規定廃止後の新しい監査報酬制度）」日本公認会計士協会。

日本公認会計士協会［2004a］会長通牒「監査実務の充実に向けて－十分な監査時間数の確保の必要性－」日本公認会計士協会。

日本公認会計士協会［2004b］「報告書『国際比較に基づく監査時間数増加の提言』の概要」日本公認会計士協会。

日本公認会計士協会［2005］「監査の充実強化策に関する提言（中間報告）」日本公認会計士協会。

日本公認会計士協会［2008］監査・保証実務委員会研究報告第18号「監査時間の見積もりに関する研究報告」日本公認会計士協会。

日本公認会計士協会［2009a］要望書「ディスクロージャー制度・監査制度のあり方に関する検討について」日本公認会計士協会。

日本公認会計士協会［2009b］会計監査人の選任議案および監査報酬の決定権を監査役等に付与する措置の検討等について」日本公認会計士協会。

林　隆敏・町田祥弘・松本祥尚［2005］「わが国監査報酬の開示実態」『経営財務』No.2723，24-37頁。

町田祥弘［2012］「監査時間の国際比較に基づく監査の品質の分析」，『會計』第181巻第3号，54-67頁。

法制審議会［2011］会社法制部会「会社法制の見直しに関する中間試案」，法務省。
Securities Exchange Commissions (SEC), 1978. Accounting Series Release No. 250, *Disclosure of Relationships with Independent Public Accountants*, June 29, 1978, SEC.
Securities Exchange Commissions (SEC), 1979. Accounting Series Release No. 264, *Scope of Services by Independent Accountants*, SEC.
Securities Exchange Commissions (SEC), 1981. Accounting Series Release No. 296, *Relationships between Registrants and Independent Accountants*, SEC.
Securities Exchange Commissions (SEC), 1982. Accounting Series Release No. 304, *Relationships between Registrants and Independent Accountants*, SEC.
Securities Exchange Commissions (SEC), 1983. Financial Reporting Release No. 10, *Qualifications and Reports of Accountants: Amendment of Rules Regarding Accountant's Independence*, SEC.
Securities Exchange Commissions (SEC), 2000. *Revisions of the Commission's Auditor Independence Requirements*, SEC.
Securities Exchange Commissions (SEC), 2003. *Strengthening the Commission's Requirements regarding Auditor Independences*, SEC.

（林　隆敏・町田祥弘）

第3章

監査報酬の実態調査結果

第3章　監査報酬の実態調査結果

1 監査人・監査報酬調査の概要

　われわれは，日本公認会計士協会からの委託研究の成果として，2006年度（以下，2006年4月期決算より2007年3月期決算に至るまでの年度とする）から2010年度までの5年間にわたって，日本の全上場企業の監査人及び監査報酬の実態調査を行い，それぞれの年版の『上場企業監査人・監査報酬白書』（日本公認会計士協会出版局刊。以下『白書』）として刊行してきた[1]。『白書』では，実態調査の結果を公表するとともに，それをもとにした若干の分析論文を「第Ⅰ部　分析編」として所収してきている[2]。

　同調査研究の目的は，日本における上場企業の監査の実態を，監査報酬を1つの手がかりとして明らかにすることにある。

　日本における上場企業は，2004年3月期以降に提出された有価証券報告書から，監査報酬の内容を，監査契約に基づく監査証明に係る報酬とそれ以外の報酬に区分して開示することが求められてきた。さらに2008年3月期以降に提出された有価証券報告書からは，「コーポレート・ガバナンスの状況」の項で，提出会社と連結子会社に区分した統一様式によって，監査報酬と被監査報酬を記載することが要求されるようになった。われわれが調査を開始した当初の2006年度においては，監査報酬を開示していない企業が僅かながら数社あった

---

1) 『白書』は，発行のタイミングの関係で書名と収録決算期にずれが生じている。それぞれ以下のとおりの書名と発行日となっている。
　　2006年度：『2008年版　上場企業監査人・監査報酬白書』，2008年4月。
　　2007年度：『2009年版　上場企業監査人・監査報酬白書』，2008年12月。
　　2008年度：『2010年版　上場企業監査人・監査報酬白書』，2009年12月。
　　2009年度：『2011年版　上場企業監査人・監査報酬白書』，2010年12月。
　　2010年度：『2012年版　上場企業監査人・監査報酬白書』，2011年12月。
2) 『白書』に掲載してきた分析論文は，本書の第6章に所収している。

ものの，強制開示が開始された2008年3月期以降は，調査対象会社全社が新しい規則に基づいた記載様式で監査報酬を開示している。

監査報酬は，本書の第1章で検討したとおり，監査の品質を代理する指標の1つである。すなわち，監査の品質は外見的に捕捉することができないため，何らかの代理変数によって間接的に捉えるしかない。その場合，労働集約型の監査業務において，監査時間の累積により請求される監査報酬は，監査の品質を客観化する代表的な指標の1つと考えられるからである。われわれが，監査報酬を収集・調査し，分析する意図は，まさにその点にある。

また，『白書』では，監査報酬以外にも，指定社員の氏名やその継続年数，補助者の数といった，監査上の重要なデータについても調査し掲載してきた。このようなデータを統一的に掲載した資料として，かつては「有価証券報告書提出会社名簿」があったが，2004年にEDINETによる有価証券報告書の提出が義務付けられて以降は，利用者の側が電子データとして有価証券報告書を利用できるようになったことから，姿を消してしまった。したがって，『白書』は，監査報酬に関するデータ以外にも，非常に重要なデータを収録した利用価値の高い資料を提示しているものと考えている。とくに監査人の独立性の観点から捉えると，指定社員の継続年数は，被監査企業に対する個々の公認会計士の独立性確保に一定の牽制効果を果たしていると期待される。

本章では，『白書』の実態調査結果をもとに，監査報酬に関して，5年間の時系列的に整理するとともに，その過程で得られた知見を纏めることとする。第2節においては，日本の監査報酬の推移，第3節においては，アメリカにおける監査報酬の推移を整理する。その上で，第4節では，わが国の監査報酬の実態において顕著に認められた課題である監査報酬の過度な引下げの問題を取り上げて，改めて分析することとしたい。

後述するように，日本の監査報酬は依然としてアメリカに比べて相当に低いことが確認されている。さらに，近年の経済環境の悪化に伴って監査報酬の値下げ圧力が高まり，監査事務所の側でも経営上の観点から過度に廉価な監査報酬による顧客獲得競争を繰り広げているのではないかとの指摘もある。したが

って，『白書』においては紙幅の関係で実施できなかった，監査報酬の過度な引下げ問題について，新規顧客の獲得と既存顧客の維持の両側面から，実態を分析してみることとする。

2 日本の監査報酬推移

（1）監査証明業務報酬の推移

まず，図表3-1は，過去5年間にわたる全上場企業の監査証明業務に基づく報酬の概要である。

図表3-1 監査証明業務に基づく報酬の概要

項目	2006年度	2007年度	2008年度	2009年度	2010年度
企業数（社）	3,938	3,940	3,844	3,680	3,616
合計（百万円）	142,308.3	156,614.1	224,954.4	227,867.0	223,003.7
平均（百万円）	36.14	39.75	58.52	61.92	61.67
最大（百万円）	4,494	4,957	4,362	4,200	4,449
中央値（百万円）	19	20.8	30	33	32
最小（百万円）	1	2	0.02	6	6.6
標準偏差	155.93	170.78	164.20	158.27	167.68

監査証明報酬は，2006年度から2010年度にかけて，平均値（中央値）で36.14百万円（19百万円）から61.67百万円（32百万円）へと，71.5％（68.4％）程度の増加をみせている。しかしながら，これは，2008年4月1日以降に開始する事業年度から導入された四半期レビュー及び内部統制監査による影響が大きい。両制度とも，3月決算企業から適用が開始されているため，最初に両制

度が適用されたのは，2009年3月期決算からである。したがって，**図表3-1**では，2008年度（2008年4月期決算から2009年3月期決算まで）において3月決算期の企業分，2009年度においてそれ以外の決算期の企業分が反映されている。日本企業の約75％超が3月決算企業であることから，制度変更の影響は，2008年において顕著となっている。

また，われわれは，『白書』での分析過程で，監査報酬を検討する際に，平均値のみの分析では，必ずしも適切ではないことに気付いた。平均値は，規模の大きい企業等における多額の監査報酬に引っ張られて，それらの企業の監査報酬が大きく変動するとそれに左右される傾向にあるからである。**図表3-1**に示した最大値と最小値の差異をみれば，その点は明らかであろう。したがって，監査報酬分析に当たっては，平均値と共に，中央値の比較または推移も検討する必要があるのである。

ここで，近年における監査報酬額の変化を確認するために，2008年度及び2009年度のデータと比較してみよう。ここでは，四半期レビューと内部統制監査の導入時期の相違が監査報酬に影響を及ぼしたと想定されるため，導入時期の異なる3月決算会社とそれ以外の会社を分けて比較することにした。**図表3-2**を参照されたい。

まず，3月決算以外の会社の監査報酬平均額については，ここ3年間は，監査報酬のコンスタントな増加傾向がみて取れていたものの2010年度に入り減少傾向にある。殊に四半期レビュー及び内部統制監査の導入された2009年度には，前年度に比べて平均（中央値）で54.09％（46.10％）の増加がみられたが，両制度が定着したと考えられる2010度は，4.5％（3.8％）の微減となっている。一方，3月決算会社については，2007年度から2008年度にかけて，監査報酬の平均（中央値）が85.2％（61.36％）も増加し，2008年度から2009年度にかけては，ほとんど変化なく0.96％の増加（1.41％の減少）となったのに対し，2010年度は2％（2.9％）減少となっている。

これらのことから，四半期レビュー及び内部統制監査の導入による監査報酬の増加は，導入初年度における一時的なものであったと解される。しかも導入

第3章　監査報酬の実態調査結果

図表3-2　監査証明業務に基づく報酬の推移

項目	3月期決算以外				3月期決算			
	2007年度	2008年度	2009年度	2010年度	2007年度	2008年度	2009年度	2010年度
平　　均（百万円）	22.96	25.7	39.6	37.81	30.84	57.11	57.67	56.46
中央値（百万円）	18	19.85	29	27.9	22	35.5	35	34

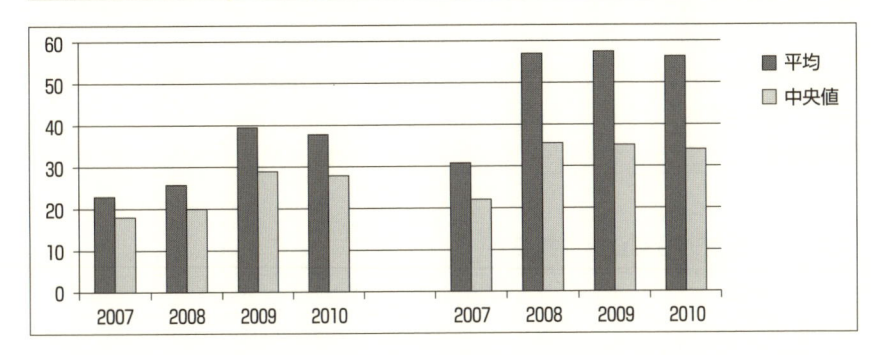

から2年目以降には監査報酬の減少傾向がみて取れる。もともと，わが国の監査報酬が相対的に低い状況には変わりはないことから，両制度の導入が終わったことで監査報酬の適正化への取組みが過去のものとなってはならないように思われる。

(2)　SEC登録企業等と非SEC登録企業等の比較

　次に，監査報酬額の分析を行うに当たって留意しなければならないことの1つに，SEC登録企業及びSEC基準適用企業[3]が支払った監査報酬額の影響がある。これらの企業については，わが国の会計基準等に基づく（連結）財務諸表の作成と，それに対する監査手続が実施されていないというだけでなく，海外，とくにアメリカにおける監査報酬はわが国よりも圧倒的に高いことが従来から指摘されており，わが国の他の企業の監査報酬と同じサンプルとして扱うことは適切ではないといえるからである。**図表3-3**及び**図表3-4**は，過去5年間にわたるSEC登録企業等と非SEC登録企業等の監査証明業務に基づく報酬の概要である。

図表3-3　SEC登録企業等の概要

項目	2006年度	2007年度	2008年度	2009年度	2010年度
企 業 数（社）	42	42	39	37	39
合　　計（百万円）	42,895.0	45,515.0	39,148.0	37,260.0	40,924.0
平　　均（百万円）	1,021.31	1,083.69	1,003.80	1,007.03	1,049.33
最　　大（百万円）	4,494	4,957	4,362	4,200	4,449
中 央 値（百万円）	534.5	538	762	754	732
最　　小（百万円）	59	34	97	105	107
標準偏差	1,103.87	1,240.90	956.47	972.53	1,044.45

図表3-4　非SEC登録企業の概要

項目	2006年度	2007年度	2008年度	2009年度	2010年度
企 業 数（社）	3,896	3,898	3,805	3,643	3,577
合　　計（百万円）	99,413.3	111,099.1	185,806.4	190,607.0	182,079.7
平　　均（百万円）	25.52	28.50	48.83	52.32	50.90
最　　大（百万円）	869	909	4,014	1,978	1,703
中 央 値（百万円）	18.7	20	30	32	31
最　　小（百万円）	1	2	0.02	6	6.6
標準偏差	34.200	37.536	94.044	82.392	77.962

3) 2011年3月における日本の上場企業のうち，SECに登録している企業は以下の27社である。
　アドバンテスト，インターネットイニシアチブ，NKSJホールディングス，NTTドコモ，MS&ADインシュアランスグループ，オリックス，キヤノン，京セラ，コマツ，コナミ，クボタ，マキタ，ソニー，トヨタ自動車，みずほフィナンシャルグループ，三井住友フィナンシャルグループ，三井住友トラストホールディングス，三菱UFJフィナンシャルグループ，三井物産，日本電産，日本電信電話，野村ホールディングス，パナソニック，日立製作所，本田技研工業，リコー，ワコールホールディングス
　このうち，三菱UFJフィナンシャルグループ，みずほフィナンシャルグループ，MS&ADインシュアランスグループ，NKSJホールディングス，三井住友フィナンシャルグループ，三井住友トラストホールディングスの6社は日本基準で財務諸表を作成している。この他に，SEC基準適用企業には以下の12社が含まれる。
　日本ハム，ジュピターテレコム，富士フイルムホールディングス，東芝，三菱電機，オムロン，TDK，村田製作所，伊藤忠商事，丸紅，住友商事，三菱商事
　以下では，SEC登録企業とSEC基準適用企業を一括して「SEC登録企業等」と称する。

第3章　監査報酬の実態調査結果

　これらの図表からわかるように，企業規模等の条件の相違はあるとはいえ，SEC登録企業等と非SEC登録企業等とでは，たとえば2010年度でみると，平均額（中央値）で20.62（23.61）倍もの差がある。2006年度の40.02（28.58）倍に比べればその差は減少しているともいえるが，比較にならないほどの差異があることには変わりはなく，また，2009年度が19.25（23.56）倍であったことからするとその差はまた拡大し始めているともいえるのである。

　SEC登録企業等の監査報酬額の高さは**図表3-5**からも確認できる。**図表3-5**は，2010年度までの各年度における監査証明業務に基づく報酬の高額企業上位10社を並べたものであるが，たとえば，このうち非SEC登録企業等は，NEC（日本電気）の1社のみである。しかし，NECは3年前までSEC登録企業であったことを考慮すれば，監査報酬の高い企業は，実質的にSEC登録企業であると解することもできる。この傾向は，過去5年間についてもほぼ同様であるといえる。

　一方，**図表3-6**は，非SEC登録企業等について，同様に2010年度までの各年度における監査証明業務に基づく報酬の高額企業上位10社を並べたものである。2010年度についてみてみれば，NECを除くと，非SEC登録企業等のうち，富士通，イオン，JXホールディングスの3社の監査報酬が10億円を超えるのみであり，**図表3-5**に示した全体のトップ10の下位企業のそれと大きな差はないが，**図表3-5**と**図表3-6**を全体として比較すると，SEC登録企業等と非SEC登録企業等の監査報酬額の違いは明らかであろう。

図表3-5　監査証明業務に基づく報酬の上位企業10社

	2006年度			2007年度			2008年度	
	企業名	監査証明業務報酬(百万円)		企業名	監査証明業務報酬(百万円)		企業名	監査証明業務報酬(百万円)
1	日立製作所	4,494	1	日立製作所	4,975	1	三菱UFJフィナンシャル・グループ	4,362
2	三菱UFJフィナンシャル・グループ	3,331	2	みずほフィナンシャルグループ	3,724	2	三井住友フィナンシャルグループ	4,014
3	野村ホールディングス	2,916	3	三菱UFJフィナンシャル・グループ	3,691	3	みずほフィナンシャルグループ	3,879
4	三井物産	2,874	4	三井物産	3,445	4	日本電信電話	2,506
5	本田技研工業	2,708	5	本田技研工業	3,042	5	トヨタ自動車	1,962
6	みずほフィナンシャルグループ	2,660	6	野村ホールディングス	2,961	6	三菱商事	1,915
7	日本電信電話	2,397	7	NEC(日本電気)	2,377	7	NEC(日本電気)	1,849
8	NEC(日本電気)	2,220	8	日本電信電話	2,345	8	日立製作所	1,773
9	住友商事	2,201	9	住友商事	1,945	9	三井物産	1,562
10	トヨタ自動車	1,858	10	トヨタ自動車	1,535	10	東芝	1,456

	2009年度			2010年度	
	企業名	監査証明業務報酬(百万円)		企業名	監査証明業務報酬(百万円)
1	三菱UFJフィナンシャル・グループ	4,200	1	三菱UFJフィナンシャル・グループ	4,449
2	みずほフィナンシャルグループ	4,030	2	みずほフィナンシャルグループ	3,826
3	日本電信電話	2,552	3	三井住友フィナンシャルグループ	3,208
4	日立製作所	2,043	4	日本電信電話	2,569
5	三菱商事	2,024	5	パナソニック	2,479
6	三井住友フィナンシャルグループ	1,978	6	日立製作所	1,933
7	トヨタ自動車	1,742	7	三菱商事	1,858
8	NEC(日本電気)	1,734	8	トヨタ自動車	1,779
9	三井物産	1,533	9	NEC(日本電気)	1,703
10	パナソニック	1,450	10	三井物産	1,588

図表3-6　非SEC登録企業等のうち監査証明業務に基づく報酬の上位企業

2006年度		2007年度		2008年度	
企業名	監査証明業務報酬（百万円）	企業名	監査証明業務報酬（百万円）	企業名	監査証明業務報酬（百万円）
1 日興コーディアルグループ	869	1 富士通	909	1 富士通	1,237
2 富士通	625	2 三井住友フィナンシャルグループ	762	2 日産自動車	1,134
3 三井住友フィナンシャルグループ	581	3 新生銀行	564	3 ソフトバンク	845
4 双日	558	4 三菱ケミカルホールディングス	530	4 新生銀行	801
5 新生銀行	534	5 日産自動車	525	5 双日	717
6 日産自動車	521	6 双日	501	6 りそなホールディングス	699
7 新日本製鐵	466	7 新日本製鐵	453	7 東日本旅客鉄道	696
8 セブン&アイ・ホールディングス	397	8 日興コーディアルグループ	407	8 東京海上ホールディングス	677
9 ジェイ エフ イー ホールディングス	377	9 ジェイ エフ イー ホールディングス	386	9 損害保険ジャパン	646
10 川崎重工業	367	10 川崎重工業	372	10 三菱ケミカルホールディングス	622

2009年度		2010年度	
企業名	監査証明業務報酬（百万円）	企業名	監査証明業務報酬（百万円）
1 三井住友フィナンシャルグループ	1,978	1 日本電気	1,703
2 日本電気	1,734	2 富士通	1,324
3 富士通	1,252	3 イオン	1,138
4 イオン	1,180	4 JXホールディングス	1,094
5 日産自動車	999	5 日産自動車	974
6 ソフトバンク	817	6 新生銀行	816
7 三菱ケミカルホールディングス	771	7 ソフトバンク	815
8 新生銀行	761	8 東京海上ホールディングス	759
9 東京海上ホールディングス	737	9 双日	735
10 双日	732	10 三菱ケミカルホールディングス	721

(3) 対売上高比率による分析

　一般に，監査報酬に係る研究では，被監査企業の企業規模が異なることによる影響を排除するために，各企業の監査報酬額を売上高によって除した対売上高比率を利用することが多い。

　たとえば，アメリカでは，売上高百万ドルにつき，いくらの監査報酬額を支払ったかという観点で，「監査報酬額／売上高（単位：百万ドル）」によって監査報酬額を比較することが一般的となっている。

　企業規模による影響を排除するためには，売上高の他，総資産額や従業員数，事業拠点数等が考えられるが，われわれの『白書』における過年度の研究，とくに2008年版の『白書』に示したように，わが国の監査報酬額と売上高及び総資産額との関係は非常に大きいことが確認されている。

　ここでは，売上高を使って，企業規模の影響を除いた監査報酬の実態を示すこととしたい。

　図表3-7は，SEC登録企業と非SEC登録企業に分けて，過去5年間の対売上高監査報酬を示したものである。

図表3-7　SEC登録企業と非SEC登録企業等の対売上高監査報酬比率（単位：%）

項目	2006年度	2007年度	2008年度	2009年度	2010年度
SEC登録企業					
平　　均	0.052	0.050	0.055	0.060	0.056
中 央 値	0.022	0.021	0.024	0.026	0.026
非SEC登録企業					
平　　均	0.137	0.166	0.262	0.333	0.324
中 央 値	0.065	0.069	0.109	0.130	0.122

　さらに，四半期レビュー制度及び内部統制監査の影響を明確に把握するべく，3月決算企業に限定して，過去5年分の売上高に対する監査証明業務に基づく

報酬の比率を示せば，**図表3-8**のとおりである。

図表3-8 対売上高監査証明業務報酬の比率 (単位：％)

項目	2006年度	2007年度	2008年度	2009年度	2010年度
企業数（社）	2,772	2,740	2,679	2,564	2,511
平均	0.118	0.144	0.262	0.277	0.252
最大	6.761	7.431	23.881	24.038	22.976
中央値	0.058	0.061	0.106	0.115	0.107
最小	0.001	0.001	0.002	0.003	0.003
標準偏差	0.251	0.365	0.899	0.890	0.861
増加率		22.02	82.38	5.75	-9.19

　2008年度から2009年度にかけての対売上高監査証明業務報酬比率は，四半期レビュー及び内部統制監査が導入された2008年度に対前年度比平均82.38％増という上昇をみせた後，2009年度には5.75％の微増となり，2010年度には9.19％の減少となっている。これは，四半期レビュー及び内部統制監査制度の導入による監査コストの上昇が，年度を重ねるに応じて効率化が進んで減少に転じたとも捉えられる。

　2011年度において，四半期報告制度及び内部統制報告制度が，中小企業等におけるコスト負担の軽減を主たる目的の1つとして，制度の効率化や報告内容等の簡素化が図られたことから，こうした傾向は，2011年度においても一層進むことが予想される。同時に，近年の監査報酬の上昇がひとえに制度の変更によるものだったとするならば，2007年度以前に観測された，国際的にみて日本の監査報酬が低廉な状態にあったという問題点については，制度変更による報酬の増加以外には，必ずしも十分な改善が図られていなかったのではないか，との懸念が惹起されるのである。

　ところで，上述のとおり，監査報酬の分析に当たっては，対売上高比率が用いられるのが一般的であるが，われわれの過年度の分析によって，売上高比率は，中小規模企業の方が大きいことが明らかとなっている。2010年度を例に，

監査証明業務に基づく報酬及びその対売上高比率を売上高に応じて区分すると図表3-9のようになる。なお，サンプル企業は3月決算企業のみとしている。

図表3-9　監査証明業務報酬及び対売上高監査証明業務報酬比率

	売上高（10億円）		～10	～30	～100	～300	300超
	企業数	（社）	551	643	663	380	273
監査証明業務報酬	合　計	（百万円）	11,993.80	18,926.50	29,111.50	26,192.20	55,534.10
	平　均	（百万円）	21.77	29.43	43.91	68.93	203.42
	最　大	（百万円）	94.00	78.00	188.00	349.00	1,703.00
	中央値	（百万円）	20.00	28.00	40.00	59.20	145.00
	最　小	（百万円）	7.00	9.00	13.00	20.00	17.00
	標準偏差		8.34	9.62	18.87	38.47	198.23
対売上高比率	平　均	（％）	0.8025	0.1720	0.0846	0.0427	0.0242
	最　大	（％）	22.9762	0.6630	0.2961	0.2474	0.1752
	中央値	（％）	0.4360	0.1601	0.0777	0.0373	0.0203
	最　小	（％）	0.1090	0.0533	0.0226	0.0097	0.0028
	標準偏差		1.7250	0.0701	0.0386	0.0254	0.0189

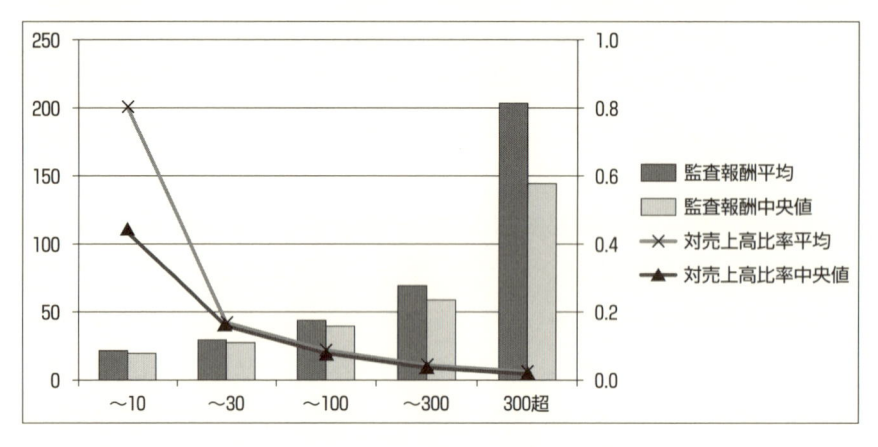

　図表3-9から，監査証明業務報酬の平均額は企業規模に比例して増加するが，規模に伴う増加割合（対売上高比率）は逓減するという傾向が確認できる。すなわち，売上高が100億円に満たない企業の売上高に対する監査証明業務報酬比率の平均（中央値）は0.8025（0.4360）％であるが，この比率は企業規模が大きくなるに従って次第に小さいものとなり，3,000億円を超える売上高のあ

る企業では0.0242（0.0203）％と極端に小さく，両者の間には33（21）倍の差がある。

　この原因としては，監査報酬には，監査契約を締結する際に，個々の監査契約に割り当てられる事務所経費や保険負担等の一定の固定費部分があり，被監査企業の規模に応じて監査業務の工数が増加し，それに応じて上昇する変動費部分とは区別されるものであることが考えられる。したがって，一定規模以上の企業にとっての監査報酬の支出額は，売上高に比してかなり小さい負担である一方，中小規模企業については監査報酬負担が相対的に重いとされることとなるのであり，海外，とくにEU諸国において，監査免除や監査のレビューによる代替の議論が盛んに行われている背景であるといえるのである。

（4）監査証明業務以外の報酬

　監査証明業務以外の報酬については，「その他の報酬」として開示されてきた。2011年の制度改正により，3月決算企業については，2010年度においては「非監査業務に基づく報酬」に統一されている。

　非監査業務報酬は，海外においては，かつて監査業務とともに提供されていた経営助言業務（Management Advisory Service: MAS）やコンサルティング業務が監査事務所の収入に占める割合の高さが問題視されていたことから，重要な開示項目であったが，第2章で論じたとおり，SOX法制定後の状況下では，当該項目の開示は相対的に重要度が低下してきている。一方，日本では，それ以前から，監査事務所による非監査業務の提供は，さほど大きな収入項目ではなかったために，SOX法の影響を受けて，日本でも2003年公認会計士法改正によって非監査業務の同時提供が禁止されたものの，さほど大きな影響を及ぼすことはなかったのである。

図表3-10 監査証明業務以外の業務に基づく報酬

項目	2006年度	2007年度	2008年度	2009年度	2010年度
企業数（社）	1,187	1,786	1,179	567	871
合計（百万円）	9,290.0	17,972.6	8,948.8	4,833.0	8,654.6
平均（百万円）	7.83	10.06	7.59	8.52	9.94
最大（百万円）	292	402	411	369	575
中央値（百万円）	3	5	3	3	3
最小（百万円）	0	0	0	0	0
標準偏差	20.20	20.09	20.31	25.04	29.96

　図表3-10は，過去5年間にわたる監査証明業務以外の報酬の推移である。全部の企業が開示しているわけではないので，ここでは合計額でみてみると，2007年度の数値が17,972.6百万円と大きいことがわかるが，内部統制報告制度の導入に向けての準備のために監査事務所から，教育・研修等を受けていたことによるものであると解される。事実として，2007年度は，958件が内部統制構築支援に係るものとして，また四半期財務諸表作成に関する助言業務として57件が開示されている。これに対して，従来，その他業務報酬の多くを占めていたコンフォートレターの作成業務は，33件となっている[4]。

　また，他方，2010年度において，再び合計額が8,654.6百万円と大きくなっているが，これは，IFRS関連の指導・助言業務によるものであり，2009年度の101件に対して，270件に上っている。ただし，この点についても，2011年6月以降，企業会計審議会でIFRSへの対応を見直す議論が続いていることから，今後は，IFRS対応の業務報酬も減少に転じる可能性があると解される。

---

4) いずれの件数も1つの企業で複数の業務にカウントされているものがある。

（5）資本市場別の分析

次に資本市場を主要証券市場で区分し，監査証明業務に基づく報酬の動向を分析してみよう。わが国には，東京証券取引所第一部や第二部をはじめとして複数の証券市場があるが，新興企業向け市場という位置付けの東証マザーズ，ジャスダック，大証ヘラクレス，名証セントレックス，札幌アンビシャス，福岡Q-Boardとそれ以外の非新興市場という区分を用いる。**図表3-11**及び**図表3-12**を参照されたい。ここでもサンプル企業は3月決算企業のみとしている。

図表3-11　資本市場別監査証明業務報酬

項目	新興市場				
	2006年度	2007年度	2008年度	2009年度	2010年度
企業数（社）	784	781	742	679	665
合　計（百万円）	12,624.37	14,566.4	21,774.72	18,795	17,581.4
平　均（百万円）	16.10	18.65	29.35	27.68	26.44
最　大（百万円）	98	118	145	150	188
中央値（百万円）	15	16.6	25.65	25	24
最　小（百万円）	5	4	0.02	6	7
標準偏差	8.106	9.842	16.772	14.059	14.277

項目	非新興市場				
	2006年度	2007年度	2008年度	2009年度	2010年度
企業数（社）	1,988	1,959	1,937	1,885	1,846
合　計（百万円）	63,733.15	69,940.52	135,085.8	129,079	124,192.9
平　均（百万円）	32.06	35.70	69.74	68.48	67.28
最　大（百万円）	869	909	4,014	1,978	1,703
中央値（百万円）	23	25	42	41	40
最　小（百万円）	1	2	6.9	7	7.2
標準偏差	44.307	47.916	126.194	104.371	98.294

図表3-12 資本市場別監査証明業務報酬（対売上高比率）

項目	新興市場				
	2006年度	2007年度	2008年度	2009年度	2010年度
企 業 数（社）	784	781	742	679	665
平　　均（％）	0.244	0.325	0.617	0.643	0.576
最　　大（％）	3.876	7.431	23.881	24.038	22.976
中 央 値（％）	0.129	0.151	0.246	0.289	0.270
最　　小（％）	0.006	0.006	0.004	0.010	0.010
標準偏差	0.351	0.628	1.620	1.575	1.555

項目	非新興市場				
	2006年度	2007年度	2008年度	2009年度	2010年度
企 業 数（社）	1,988	1,959	1,937	1,885	1,846
平　　均（％）	0.068	0.072	0.126	0.146	0.135
最　　大（％）	6.761	2.176	4.240	11.868	6.469
中 央 値（％）	0.041	0.045	0.077	0.086	0.080
最　　小（％）	0.001	0.001	0.002	0.003	0.003
標準偏差	0.173	0.108	0.218	0.346	0.296

　図表3-11に示した監査証明業務報酬額の平均（中央値）は，たとえば2010年度では，東証第一部や第二部といった比較的大規模な企業で構成される非新興市場では，67.28（40.00）百万円であり，新興市場の26.44（24.00）百万円よりも大きな値をとっているが，一方，図表3-12をみると，対売上高比率の平均（中央値）で比較した場合には，2010年度で新興市場の0.576（0.270）％に対して非新興市場は0.135（0.080）％となっており，関係が逆転していることがわかる。これは図表3-9でもみたように，監査証明業務報酬に一定の下限があることによると解される。

　また市場の規模にかかわりなく，2008年度に，四半期レビュー及び内部統制監査の導入を受けて，監査報酬が大幅に増加したこと，ならびに，その後，平均値では2008年度から2010年度にかけて，対売上高比率でみると2009年度をピークとして，監査報酬が低減傾向に入っていることが観測できる。

(6) 監査人別の分析

最後に，監査人別の分析を示しておくことにする。

ここでは，個別の監査事務所の比較ではなく，大手監査事務所，中堅監査事務所と中小・個人の監査事務所の3つに分けて比較してみたい。なお，大手監査事務所はあずさ，新日本，トーマツの3法人（日本公認会計士協会からの要請により，図表では個別事務所を特定できないようA，B，Cと表記している），中堅監査事務所は2010年度において，10社以上の上場企業を監査している監査事務所，中小及び個人は前記以外の監査法人・監査事務所としている。分析に当たっては，3月決算及び非3月決算の調査対象企業全体を対象とした上で，SEC登録企業等を除いているほか，一時監査人や共同監査のケース，さらにはみすず監査法人に関連するケースを除いている。図表3-13を参照されたい。

図表3-13 監査法人別監査報酬の推移

監査人別監査報酬の推移（平均値）

		2006年度	2007年度	2008年度	2009年度	2010年度
A	（百万円）	33.32	36.85	82.78	82.34	80.57
B	（百万円）	31.30	35.40	66.56	64.92	63.89
C	（百万円）	27.60	29.68	55.34	56.03	54.92
中堅	（百万円）	20.20	22.72	34.57	33.67	33.42
中小	（百万円）	19.49	20.81	29.59	30.01	29.87

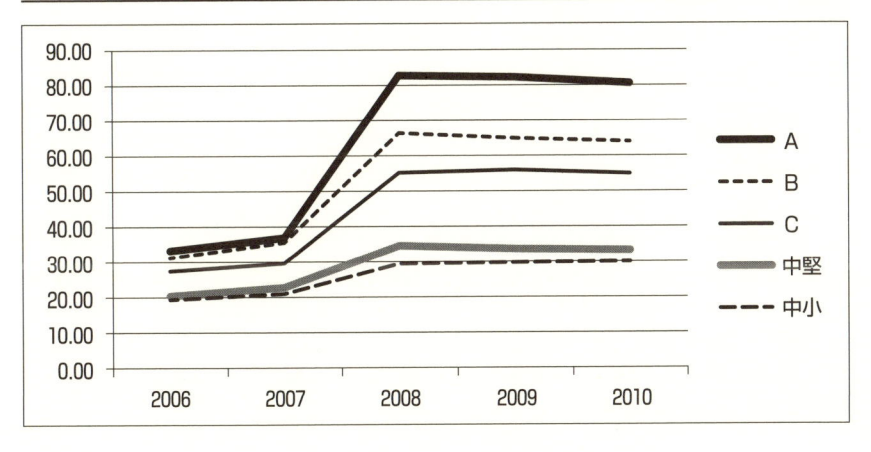

監査人別監査報酬の推移（中央値）

	2006年度	2007年度	2008年度	2009年度	2010年度
A （百万円）	24	27	49	49	47.5
B （百万円）	22	25	40	40	39
C （百万円）	20.5	22	35	35	34
中堅 （百万円）	17.625	19.65	27	27	26.9
中小 （百万円）	18	20	26	27	27

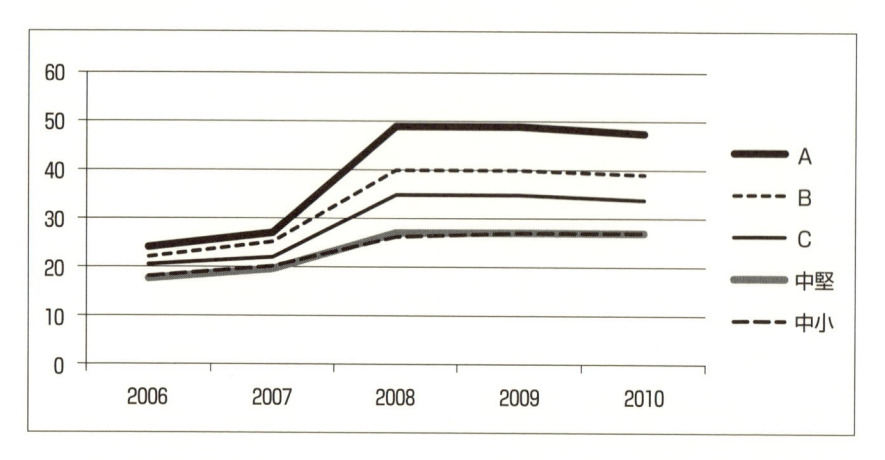

　まず，**図表3-13**から明らかなのは，大手監査事務所とそれ以外の監査事務所の監査報酬規模が大きく乖離していることである。これらは，大手監査事務所が担当する被監査企業の方が，それ以外の監査事務所の担当する被監査企業に比べて概して規模が大きいことによるものと考えられる[5]。

　次に，大手監査事務所間においても監査報酬額にかなりの差異があることがわかる。それだけであれば，大手事務所間の担当する被監査企業の差異であるとも考えられるが，それだけではなく，監査報酬額がA，Bでは，平均値でも中央値でも，2008年度をピークとしてその後低減しているのに対して，Cでは相対的に変化が少ないことが指摘できる。すなわち，四半期レビュー及び内部

5）たとえば，2010年度では，大手監査事務所の被監査企業は，非新興市場上場企業数と新興市場上場企業数＝1,796社対726社［71.2％対28.8％］であったのに対して，その他の監査事務所の被監査企業は，非新興市場上場企業数と新興市場上場企業数＝564社対459社［55.1％対44.9％］となっており，非新興市場と新興市場の比率からも，大手監査事務所の担当する被監査企業の規模が大きいことが類推されるであろう。

統制監査導入後の監査報酬額の調整に対する態度も，大手事務所間で差異が見受けられるのである。

また，全体として，監査報酬額の平均値が2008年度から下がっているのに対して，中央値で下がっていないということは，監査報酬額におけるいわゆるボリュームゾーンは変わらないものの，一部の企業が大幅に監査報酬を引き下げていることによって全体の平均値が引き下げられているのではないか，と想像されるのである。

こうした点を明らかにするために，第4節では，さらなる分析をしてみたい。

3 アメリカの監査報酬推移

われわれは，前節で検討した日本の監査報酬額との対比を図るために，アメリカの監査報酬額を調査してきた。

第2章第3節で述べたように，アメリカでは，2000年から被監査企業が監査人に支払う監査報酬及び非監査報酬の金額が業務ごとに開示されている。その後，SOX法の制定等を経て，監査報酬開示はヨリ拡充されてきており，現行のアメリカ証券取引委員会規則によると，登録会社は，株主宛の委任状（proxy statement）において，①監査報酬（財務諸表の監査，四半期財務諸表のレビュー，または法定の開示書類について通常提供される業務に対する報酬），②監査関連報酬（財務諸表の監査またはレビューに関連して提供される保証業務または関連業務であって①に含まれないものに対する報酬），③税務報酬，④その他のすべての報酬に区分して開示することが求められている。

われわれの調査の対象は，ニューヨーク証券取引所（以下，NYSE），アメリカン証券取引所（以下，AMEX），または全国店頭銘柄建値自動通報システム（以下，NASDAQ）において株式が公開されている企業のうち，Ives

Group Inc.のAudit Analytics®に監査報酬データが収録されている企業である。

（1）監査報酬の概況

　図表3-14は，アメリカにおける監査報酬額の概況を示したものである。なお，個別企業の検討は行っておらず，あくまでも調査対象となる資本市場に属する企業全体の数値の推移であることに留意されたい。また，監査報酬額の上位10社を時系列的に示したのが図表3-15である。

図表3-14　アメリカの監査報酬の概況

	2006年度	2007年度	2008年度	2009年度	2010年度
企業数（社）	4,467	4,906	5,060	4,892	5,585
合計額（千ドル）	7,799,368.88	8,411,635.44	8,632,016.00	8,949,707.65	11,038,660.32
平　均（千ドル）	1,746.00	1,714.56	1,705.93	1,645.48	1,976.48
最　大（千ドル）	90,200.00	97,700.00	107,800.00	162,100.00	144,500.00
中央値（千ドル）	627.00	643.46	610.77	597.30	628.95
最　小（千ドル）	2.158	2.111	1.50	0.20	5.00
標準偏差	4,389.49	4,265.21	4,368.86	4,638.42	5,442.98

　図表3-14をみると，2006年度から2009年度まで4年間，アメリカ企業の監査報酬の平均値（中央値）は一貫して低下傾向にあることがわかる。具体的には，2006年度には監査報酬の平均値（中央値）が1,746（627）千ドルだったのが，2009年度には1,645.48（597.3）千ドルと4年間で約5％減少している。なお，アメリカでは，四半期レビューは1944年法制定時から実施されており，また内

---

6) 以下を参照のこと。
　Securities and Exchange Commission, General Rules and Regulations on Securities Exchange Act of 1934, §240.14a-101, Schedule 14A, Information required in proxy statement, Item 9.
　---, Final Rule: *Strengthening the Commission's Requirements Regarding Auditor Independence* , Jan. 28, 2003.

部統制報告制度が導入されたのは2004年であることから、この間にそれらの制度の導入による影響は反映されていない。

一方、2009年度から2010年度にかけては監査報酬の平均値（中央値）が1,976.48（628.95）千ドルと約20%（5%）増加しており、また、監査報酬の総額も2009年度の8,949,707.65千ドルから2010年度は11,038,660.32千ドルと約37%増加している。2010年度は、2009年度に比べて企業数が693社増加している。この増加は、主に中国等をはじめとする外国企業の上場が増加した分であるといわれている。監査報酬の増加がこれらの新規上場分によって生じたものかどうかを確かめるために、2009年度と2010年度の両年度において上場しており、今回の調査対象に含まれている企業のみを比較したところ、3,184社が該当し、監査報酬は対2009年比で128%であった。このことから、アメリカ企業の2010年度における監査報酬は、2009年度に比べて大幅な増加傾向にあるといえよう。

アメリカ企業における監査報酬の増加の原因としては、以下の点が考えられる。

- リーマンショック後に監査報酬も減額を強いられたものの、2010年度になって適正化が図られるようになったこと
- PCAOBの監査基準の整備が進んで、PCAOB基準への対応が求められるようになったことに伴う監査手続の増加
- PCAOBが、監査事務所へのインストラクションとして、実証手続の実施を強く求めていることに伴う監査時間の増加

いずれにしても、アメリカでは、監査報酬は減少することもあるが、監査手続の増加等に応じて増加することもあるという点に留意する必要があるであろう。前節の日本の状況と対比したときに、監査人が被監査企業に対して、相対的に監査手続に要しただけの監査報酬の請求できる環境にあることがみて取れるように思われるのである。

また、監査報酬額の上位10社の推移を**図表3-15**に示している。たとえば、2010年度では、GENERAL ELECTRIC社を除くすべてが金融機関であり、全10社がNYSE上場企業である。また、2010年度に特徴的な点としては、新規上

図表3-15　アメリカの監査報酬額の上位10社

2006年度 企業名	監査証明業務報酬（千ドル）	2007年度 企業名	監査証明業務報酬（千ドル）
1 TYCO INTERNATIONAL LTD	90,200	1 AMERICAN INTERNATIONAL GROUP INC	97,700
2 AMERICAN INTERNATIONAL GROUP INC	87,700	2 DAIMLER AG	91,999
3 GENERAL ELECTRIC CO	85,800	3 GENERAL ELECTRIC CO	91,400
4 INTERPUBLIC GROUP OF COS	65,840	4 CITIGROUP INC	63,600
5 NORTEL NETWORKS CORP	53,900	5 TYCO INTERNATIONAL LTD	51,900
6 CITIGROUP INC	52,900	6 GOLDMAN SACHS GROUP INC	49,200
7 GENERAL MORTORS CORP	50,000	7 INTERPUBLIC GROUP OF COS	48,370
8 FEDERAL HOME LOAN MORTG CORP	45,080	8 FANNIE MAE	47,000
9 METLIFE INC	44,500	9 MERRILL LYNCH & CO.,INC.	45,100
10 GOLDMAN SACHS GROUP INC	43,400	10 METLIFE INC	40,400

2008年度 企業名	監査証明業務報酬（千ドル）	2009年度 企業名	監査証明業務報酬（千ドル）
1 AMERICAN INTERNATIONAL GROUP INC	107,800	1 AMERICAN INTERNATIONAL GROUP INC	162,100
2 GENERAL ELECTRIC CO	94,300	2 BANK OF AMERICA CORP /DE/	94,800
3 CITIGROUP INC	69,800	3 GENERAL ELECTRIC CO	88,800
4 J P MORGAN CHASE & CO	58,700	4 CITIGROUP INC	67,200
5 GOLDMAN SACHS GROUP INC	56,000	5 GOLDMAN SACHS GROUP INC	57,200
6 BANK OF AMERICA CORP /DE/	55,800	6 MORGAN STANLEY	48,900
7 FEDERAL HOME LOAN MORTGAGE CORP	54,577	7 MERRILL LYNCH & CO.,INC.	47,400
8 DELL INC	51,100	8 J P MORGAN CHASE & CO	46,600
9 MERRILL LYNCH & CO.,INC.	46,300	9 FORD MOTOR CO	42,700
10 MORGAN STANLEY	44,500	10 METLIFE INC	40,700

2010年度 企業名	監査証明業務報酬（千ドル）
1 AMERICAN INTERNATIONAL GROUP INC	144,500
2 BANK OF AMERICA CORP /DE/	95,600
3 GENERAL ELECTRIC CO	89,800
4 DEUTSCHE BANK AKTIENGESELLSCHAFT	70,377
5 CITIGROUP INC	70,300
6 METLIFE INC	61,700
7 BARCLAYS PLC	58,758
8 GOLDMAN SACHS GROUP INC	56,400
9 UBS AG	56,286
10 SIEMENS AKTIENGESELLSCHAFT	55,513

場等の影響もあり，前年にランキングに含まれていなかった企業が数多く含まれているという点が挙げられる。

(2) 監査報酬の対売上高比率及び対総資産額比率

次に，企業規模の影響を排除するために，監査報酬の絶対額ではなく監査報酬の対売上高比率及び対総資産額比率をみてみよう。**図表3-16**は，監査報酬の対売上高比率及び対総資産額比率の概要を示したものである。売上高と総資産に関してデータが欠落している企業を排除したために，対売上高比率と対総資産額比率では企業数が異なっていることに留意されたい。

前述の2010年度における監査報酬の増加の問題であるが，**図表3-16**によれば，監査報酬対売上高比率の平均は，3.72％から2.93％へと減少しており，対総資産比率においても，0.3％から0.27％へと減少してきており，比率上は減少傾向が観測できるのである。この原因は，売上高及び総資産額の変動によるものと

図表3-16　アメリカの監査報酬の対売上高比率及び対総資産額比率

	2006年度	2007年度	2008年度	2009年度	2010年度
企業数(社)	3,946	4,128	4,953	4,366	4,870
対売上高比 平　均(％)	11.94	5.50	1.67	3.72	2.93
売上高 平　均(千ドル)	2,827,974.11	3,027,558.93	2,710,192.19	2,732,511.46	4,128,461.41
売上高 中央値(千ドル)	261,110.00	298,764.50	211,373.00	268,500.00	338,156.00
企業数(社)	3,946	4,128	4,953	4,436	4,972
対総資産額比 平　均(％)	0.38	0.38	0.28	0.30	0.27
総資産額 平　均(千ドル)	7,793,705.73	8,415,711.64	7,495,688.91	8,056,855.34	15,328,207.51
総資産額 中央値(千ドル)	539,697.50	610,328.50	530,718.00	605,918.50	700,940.55

考えられる。すなわち，上場企業の売上高や総資産の増加率が監査報酬の増加率を大きく上回った結果であると解されるのである。

なお，2010年度におけるNYSE，AMEX及びNASDAQに属する企業の対売上高比率をみてみると，それぞれ0.61％，8.51％，4.10％となっており，NYSEに属する企業よりもAMEXとNASDAQの上場企業の方が監査報酬対売上高比率の平均値が高いのである。このことは，AMEXとNASDAQの上場企業の企業規模が相対的に小さいことによるものと考えられる。この傾向は，監査報酬対総資産比率についても同様である。

(3) 非監査業務に基づく報酬

非監査業務に基づく報酬の概要は，**図表3-17**のように示される。非監査業務報酬はすべての企業が支払っているわけではない。たとえば，2010年度の場合，調査対象会社5,585社のうち，789社は非監査業務報酬を支払っていないため除外している。アメリカにおいては，監査報酬規制の契機は，第2章でみたように，非監査業務報酬，とくにMAS業務の監査業務との同時提供に対する規制であった。

SOX法制定によって，非監査業務の提供が大きく制限されたことから，かつては監査事務所の収入のうち過半を占めていた非監査業務報酬は，大きく減少した。しかしながら，**図表3-17**にみられるように，この5年間にわたって非監査業務報酬は，監査報酬に対する比率においても，絶対額においても，増加傾向にある。このことは，SOX法導入直後の独立性の厳格化を図る動きが一段落する中で，監査事務所が改めて顧客である被監査企業に対して，さまざまなサービスを提供し始めている表れとも解されよう。その中でも，かつての非監査業務報酬としては，同じくSOX法によって導入された内部統制報告制度に伴う内部統制整備に関連する非監査業務報酬が多かったのに対して，近年の特徴としては，とくに中国市場等への上場関連業務報酬が指摘できるように思

われる。

図表3-17　アメリカの非監査業務に基づく報酬の概況

	2006年度	2007年度	2008年度	2009年度	2010年度
企業数(社)	3,236	3,098	4,374	4,224	4,796
合計額(千ドル)	854,753.53	963,931.32	2,026,858.55	1,901,656.26	2,946,757.13
平均額(千ドル)	264.14	311.15	463.39	450.20	614.42
最　大(千ドル)	26,400.00	36,100.00	64,078.00	38,218.00	75,900.00
中央値(千ドル)	43.12	46.42	79.96	82.39	67.66
最　小(千ドル)	0.030	0.002	0.003	0.16	0.20
標準偏差	998.14	1,391.64	1,934.21	1,746.43	2,359.43
対監査報酬額比 平　均(%)	13.01	15.36	28.03	31.34	31.65

　非監査業務報酬のうち，日本と比べてアメリカにおいて特徴的なのは，税務報酬であろう。アメリカでは，税務業務は非監査業務規制の対象から，そもそも除外されているからである。
　税務報酬の概況は，**図表3-18**に示したとおりである。**図表3-17**同様に，税務報酬を支払っていない会社も相当数あり，その場合には対象から除外されている。たとえば，2010年度の場合，調査対象会社5,585社のうち，1,768社は税務報酬を支払っていないため除外してある。

図表3-18　アメリカの税務報酬の概況

	2006年度	2007年度	2008年度	2009年度	2010年度
企業数(社)	3,362	3,557	3,466	3,310	3,817
合計額(千ドル)	887,228.75	983,662.61	1,000,444.58	974,700.36	1,341,054.82
平　均(千ドル)	263.90	276.54	288.65	294.47	351.34
最　大(千ドル)	185,000.00	21,600.00	38,521.00	29,853.00	27,273.00
中央値(千ドル)	46.14	46.76	52.00	55.08	64.00
最　小(千ドル)	0.033	0.036	0.003	0.16	0.27
標準偏差	920.48	938.71	1,092.07	1,018.48	1,197.64
対監査報酬額比 平　均(%)	14.887	15.487	19.25	28.33	18.70

われわれが依拠しているAudit Analytics®のデータ区分では，監査報酬について，総報酬の内訳が示されている。入手可能な過去2年分について示したのが，**図表3-19**である。これによれば，監査報酬及び監査関連報酬が総報酬の85％程度を占めていることが読み取れる。これにみる限り，もはやアメリカにおいては，非監査報酬が監査事務所の収入に占める割合の高さによって監査人の独立性が問題視される状況は，想定しにくいように思われる。仮に今後問題視されるとすれば，税務業務が監査業務と同時提供されている点であろうが，それも8.46％程度であり，顧客喪失をおそれて，あるいはそのことを被監査企業から明示的／暗示的に示唆されることで，監査意見等に影響が及ぶことが懸念される状況にはないといえるであろう。

図表3-19　総報酬の内訳　　　　　　　　　（単位：％）

	2009年度	2010年度
監査報酬	84.90	83.10
監査関連報酬	5.40	6.38
年金関連報酬	0.10	0.10
情報システム関連報酬	0.00	0.00
税務関連報酬	8.20	8.46
その他の報酬	1.50	1.96

4 監査報酬の過度な引下げの状況

(1) 監査報酬の引下げ問題

　先に示したように，わが国では，2008年度に四半期レビュー制度及び内部統制報告制度が導入されて監査報酬は大きく上昇した。しかしながら，両制度が定着した2009年度以降，監査報酬の引下げによって顧客を獲得する傾向が顕著に見受けられるようになったのである。

　図表3-20-A, -Bに示したのは，2009年度に比べて2010年度の監査証明報酬が50％以上減少した企業である。内部統制監査等の効率化が図られたとしても，通常，50％の報酬引下げという事態は想定しにくいであろう。逆にいえば，監査報酬額が前年度の半額以下になっていたとしても，前年度と同レベルの監査の水準が確保できるというのであれば，一定の説得力のある説明が必要だと思われる。これ以外にも，40％以上50％未満の減少企業が30社，30％以上40％未満の減少企業が56社，20％以上30％未満の減少企業が120社もあり，20％以上の減少企業は，合計で221社に及ぶのである。仮に，これらにいわゆるダンピングに当たるような監査契約が含まれているとすれば，監査報酬額によって表わされる監査業務に対する価格決定に対する信頼を損ねるであろうし，ひいては監査業務や監査プロフェッションに対する社会的信頼やレピュテーションを損なうことになると思われるのである。

図表3-20-A　監査報酬の減少が顕著だった企業

業種	会社名	上場場部	決算期	2010年度監査報酬額(百万円)	増減額(百万円)	増減率(%)	2010年度監査人	2009年度監査人
保険業	A	東マ	3	25	-60	-71	大手X	大手W
非鉄金属	B	東2	3	28	-62	-69	中小A	中小C
小売業	C	JQ	3	7	-13	-65	大手X	大手X
建設業	D	大2	3	24	-37	-61	中小B	中小B
情報・通信業	E	東マ	7	18	-26	-59	中小D	中小E
情報・通信業	F	東マ	2	18	-22	-56	大手X	大手Z
電気機器	G	JQ	12	23	-26	-53	大手Z	大手X
サービス業	H	東1	12	19	-21	-53	大手W	大手W
情報・通信業	I	東2	3	24	-26	-52	中小F	中小F
その他製品	J	大2	11	28	-30	-52	中小G	中小H
情報・通信業	K	東1	3	84	-89	-51	大手Z	大手Z
情報・通信業	L	JQ	12	21	-21	-50	大手X	大手X
卸売業	M	大2	3	26	-26	-50	中小H	大手Z
情報・通信業	N	JQ	3	20	-20	-50	大手Z	大手Z
情報・通信業	O	東マ	3	14	-13	-50	中小I	中小I

※図表中の大手（W〜Z）は，国際的な4大監査事務所との提携関係にある事務所からなる。また中堅は，上記4事務所以外でクライアント数が30社以上，中小（A〜I）は，クライアント数30社未満の監査事務所としている。

図表3-20-B　監査報酬半減による監査人異動分析

		2010年度						
		大手X	大手Y	大手Z	大手W	その他	合計(社数)	合計(%)
2009年度	大手X	2		1			3	20.0
	大手Y						0	0.0
	大手Z	1		2		1	4	26.7
	大手W	1			1		2	13.3
	その他					6	6	40.0
	合計(社数)	4	0	3	1	7	15	100.0
	合計(%)	26.7	0.0	20.0	6.7	46.7	100.0	

※その他（2009年度）からその他（2010年度）に異動したクライアント6社のうち3社は監査事務所の変更はない。

　図表3-20-Aをみると，大手監査事務所であるか中小監査事務所であるかに関係なく，監査報酬の引下げが生じていることがわかる。一般によくいわれる中小監査事務所が低廉な監査報酬によって顧客を獲得しているとばかりはいえないのである。この場合，大手監査事務所は，中小監査事務所の監査報酬引下げ圧力に対抗して顧客を維持するために，自ら引下げを行っているのだという

見方もできるであろう。しかしながら、仮に不当な価格によって廉価に業務を提供する業者がいた時に、それに価格をもって対抗していたのでは、プロフェッションたる会計専門職業による業務とはいえないのではなかろうか。そうした価格が不当であり、そうした価格の下では適切な業務が実施できないのだとすれば、会計プロフェッションが世界的にみて長年にわたって築き上げてきた自主規制の枠組みによって、そうした不当業者を排除するべきではないのだろうか。

ところで、監査報酬の過度な引下げの原因としては、①新たな顧客獲得のために監査報酬を減額する、②他の監査事務所からの廉価な監査報酬の提示等に対抗して現在の顧客を維持するために自ら監査報酬を減額する、という2つのケースが考えられる。以下では、それぞれのケースに分けて、過年度のデータをもとに、ヨリ詳細な分析を試みたい。

(2) 新規顧客獲得のための減額の可能性

新規顧客を獲得するために監査報酬を大幅に減額しているケースをみるためには、監査人を交代した企業において、監査報酬がどのように変化しているかを分析することが1つの方法であろう。

過年度データをもとに、以下の条件で企業を抽出した。
- 連続する2年度においていずれも監査報酬及び総資産が入手可能な企業
- 決算期の変更なし
- SEC登録企業等を除く
- 一時監査人または共同監査が含まれている企業を控除

その結果、13,562社が対象企業として抽出された。これをもとに作成したのが**図表3-21〜図表3-29**である。

図表3-21　監査報酬変化額の推移

		2007年度	2008年度	2009年度	2010年度
平均値	(百万円)	2.96	21.00	3.03	-1.34
中央値	(百万円)	1.5	9.9	0.5	0
企業数	(社)	3,155	3,482	3,487	3,438

図表3-22　監査報酬変化率の推移

		2007年度	2008年度	2009年度	2010年度
平均値	(%)	14.29	62.72	16.74	-1.95
中央値	(%)	8.14	47.86	1.41	0.00
企業数	(社)	3,155	3,482	3,487	3,438

図表3-23　監査報酬変化パターン別推移（企業数）

		2007年度	2008年度	2009年度	2010年度
増額	(社)	2,197	3,171	1,811	830
変化なし	(社)	656	217	648	1,077
減額	(社)	302	94	1,028	1,531
企業数	(社)	3,155	3,482	3,487	3,438

図表3-24　監査報酬変化パターン別推移（割合）

		2007年度	2008年度	2009年度	2010年度
増額	(%)	69.64	91.07	51.94	24.14
変化なし	(%)	20.79	6.23	18.58	31.33
減額	(%)	9.57	2.70	29.48	44.53
全体	(%)	100.00	100.00	100.00	100.00

図表3-25　監査人の交代件数

		2007年度	2008年度	2009年度	2010年度
監査人の交代	(社)	344	161	162	121
大手→大手	(社)	186	21	28	21
大手→中小	(社)	111	90	87	43
中小→大手	(社)	12	8	9	17
中小→中小	(社)	35	42	38	40

図表3-26 監査人の交代パターン別監査報酬変化率の推移（平均値）

		2007年度	2008年度	2009年度	2010年度
監査人の非交代企業	(％)	13.71	63.37	17.16	-1.47
監査人の交代企業	(％)	19.07	49.40	8.07	-15.04
大手→大手	(％)	20.17	46.78	23.48	-18.59
大手→中小	(％)	13.88	32.34	-7.17	-23.55
中小→大手	(％)	31.99	134.02	69.60	-8.33
中小→中小	(％)	25.29	71.14	17.01	-6.87

図表3-27 監査報酬の増減率別企業数

		2007年度	2008年度	2009年度	2010年度
3割以上増加	(社)	423	2,320	820	55
大幅変化なし	(社)	2,706	1,146	2,606	3,287
3割以上減少	(社)	26	16	61	96

図表3-28 3割以上減少企業の総資産の変化

		2007年度	2008年度	2009年度	2010年度
1割以上資産増加	(社)	5	2	7	14
大幅変化なし	(社)	12	3	36	57
1割以上資産減少	(社)	9	11	18	25
計	(社)	26	16	61	96

図表3-29 3割以上減少企業の監査人交代状況

		2007年度	2008年度	2009年度	2010年度
非交代	(社)	17	9	31	58
交代	(社)	9	7	30	38
大手→大手	(社)	1	1	5	6
大手→中小	(社)	8	6	22	20
中小→大手	(社)	0	0	0	2
中小→中小	(社)	0	0	3	12
計	(社)	26	16	61	96

図表3-21（図表3-22）は監査報酬変化額（変化率）の推移を示している。変化額・率ともに四半期レビューと内部統制監査が導入された2008年度に大きく増加しており，2009年度は微増，そして2010年度に減少に転じていることがわかる。**図表3-23**と**図表3-24**は，前年度と比べて監査報酬を増額させた企業，同

額で変化していない企業，減額させた企業の企業数と全体における割合を示したものである。特徴的なのは，2009年度において監査報酬を前年より減少させた企業が1,028社（29.48％），2010年度は1,531社（44.53％）とかなりの数に上っている点である。これは，新制度の導入後，運用の効率化によって監査報酬が低下していると考えることができるだろう。

　次に，監査人の交代パターン別に監査報酬の推移を比較したのが**図表3-25**と**図表3-26**である。**図表3-25**は監査人の交代件数を示しているが，2007年度が最も多く344社の交代があり，そのうち過半数の186社が大手から大手への変更であり，次に多いのが大手から中小への交代で111社である。その後は150社前後で推移しているが，顕著な傾向として，大手から中小への交代が最も多く，また中小から中小への交代もコンスタントに発生している点が指摘できる。この分類に従って，それぞれのカテゴリーにおける監査報酬の変化率の推移を比較したものが**図表3-26**である。まず，監査人の交代していない企業の場合，2010年度は1.47％の減少である一方，監査人を交代した企業では15.04％も監査報酬が低下していることがわかる。通常，監査人が交代した場合，初度監査に当たっては監査コストが通常よりも増加することが想定されるが，なぜ15％もの低下が生じているのだろうか。この原因を確かめるため，さらに交代パターン別にみると，大手から中小への交代が23.55％の減少となっている。この減少は，大手と中小を比べた場合，運営に関わる固定費（事務所や本部スタッフなど）の違いから報酬水準に差が出ていることによるものと解されるが，一方で，被監査企業が監査報酬を下げるために，コストの安い中小監査人に変更している側面もあることは否定できない。次に大きいのが，大手から大手への変更の18.59％の減少で，さらに中小から大手への変更の8.33％の減少と続く。大手から大手への変更は前述の固定費の水準がほぼ同じであることに加え，中小から大手へ変更する場合は逆に固定費が増加すると考えられることから，当然に監査報酬も増加する可能性が高いといえる。であるとすれば，顧客獲得のための値下げ競争の結果であるという以外に，これらのケースにおいて監査報酬が低下している合理的な理由をどう説明すればよいのだろうか。

今度は，監査報酬が大幅に減少しているケースを分析してみよう。**図表3-27**では監査報酬の3割以上増加した企業，3割以上減少した企業を示している。新制度導入後の2009年度に61社，2010年度に96社と増加していることがわかる。そこでこの3割以上減少した企業について総資産が1割以上減少している，すなわち監査対象たる事業拠点の減少等によって，あくまで外形的にであるが，監査報酬の減額の理由が想定できる企業数を識別している。四半期レビュー及び内部統制監査の導入初年度である2008年度においては，監査報酬の減額企業の68％が資産規模が1割以上減少している企業であるのに対して，2009年度及び2010年度では，25％ないし30％程度でしかない。言い換えれば，残り7割の企業は資産規模が大幅な変化なし，あるいは増額しているにもかかわらず，監査報酬を減額させているのである。これは，前述の値下げ行動の結果という解釈とも符合するだろう。

そこで，**図表3-29**によって，監査報酬が3割以上減少している企業における監査人の交代状況をみてみると，交代企業と非交代企業が若干の差こそあれ，バランスしている状況にあることがわかる。このことは，交代企業にあっては，後任の監査事務所が低廉な監査報酬を提示したものと解される一方，非交代企業にあっては，既存の監査事務所が低廉な監査報酬によって顧客との契約を維持したとも解されるのである。

(3) 顧客維持のための減額の可能性

続いて，他の監査事務所からの廉価な監査報酬の提示等に対抗して現在の顧客を維持するために自ら監査報酬を減額する，というケースを想定して検討してみよう。

過去5年間，監査事務所が交代していない企業を対象として，顧客を維持する圧力が強そうなカテゴリーの監査報酬の推移を分析することとしたい。考えられるのは，監査人の規模が小さいほど，あるいはクライアントの規模が大き

図表3-30 監査報酬の推移（平均値）

監査報酬金額の推移（平均値）

	2006年度	2007年度	2008年度	2009年度	2010年度
グループ1 （百万円）	13.32	15.14	23.11	22.56	21.51
グループ2 （百万円）	16.43	18.34	28.53	27.98	27.22
グループ3 （百万円）	20.61	22.73	36.81	36.26	35.20
グループ4 （百万円）	27.79	30.70	53.59	52.80	50.84
グループ5 （百万円）	56.02	62.52	138.71	136.78	135.71

監査報酬増加率の推移（平均値）

	2006年度	2007年度	2008年度	2009年度	2010年度
グループ1 （％）		13.67	52.63	-2.39	-4.65
グループ2 （％）		11.67	55.52	-1.94	-2.68
グループ3 （％）		10.30	61.91	-1.49	-2.93
グループ4 （％）		10.47	74.55	-1.47	-3.71
グループ5 （％）		11.61	121.86	-1.39	-0.78

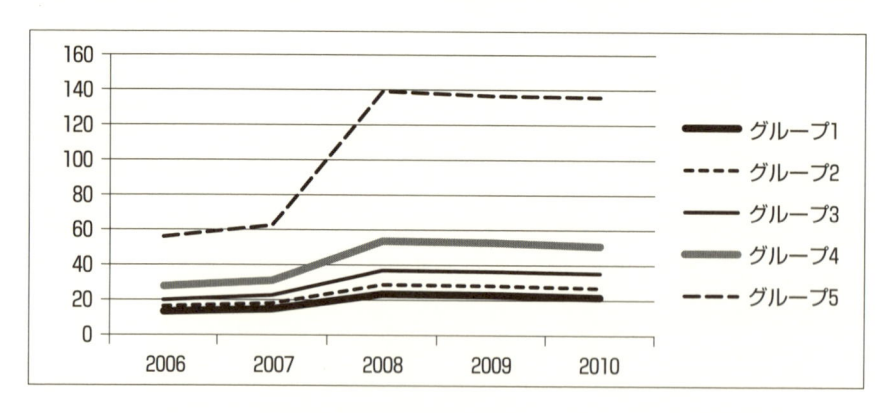

いほど，顧客維持の圧力が大きくなるのではないか，という想定である。

　データは，以下の規準によって抽出した。

- 5年間データが入手可能な企業
- 5年間監査事務所が交代していない企業
- 前年及び当年度の監査報酬，総資産が入手可能
- 決算期の変更なし
- SEC登録企業等を除く
- 一時監査人，共同監査を除く

図表3-31 監査報酬の推移（中央値）

監査報酬金額の推移（中央値）

		2006年度	2007年度	2008年度	2009年度	2010年度
グループ1	（百万円）	13	14.3	21.6	21	20
グループ2	（百万円）	16	17.65	27	27	26
グループ3	（百万円）	20	22	34	33	33
グループ4	（百万円）	25	27.5	47	46.5	46
グループ5	（百万円）	39	43	89	90	88

監査報酬増加率の推移（中央値）

		2006年度	2007年度	2008年度	2009年度	2010年度
グループ1	（％）		10.00	51.05	-2.78	-4.76
グループ2	（％）		10.31	52.97	0.00	-3.70
グループ3	（％）		10.00	54.55	-2.94	0.00
グループ4	（％）		10.00	70.91	-1.06	-1.08
グループ5	（％）		10.26	106.98	1.12	-2.22

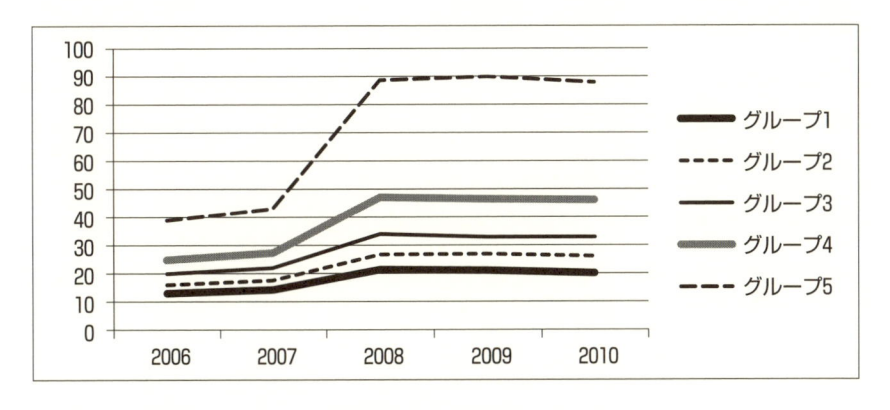

サンプルは，2,003社×5年で10,015社となった。

まず，これらの企業を2006年度の資産規模を基準に5分位にグルーピングし，それぞれのグループごとの報酬の変化をプロットしてみたのが，**図表3-30**及び**図表3-31**である。ここで，グループ1が資産規模が最も小さい企業群，グループ5が資産規模が最も大きい企業群となっている。

これらによれば，内部統制監査の導入時期における監査報酬の増加状況をみると，規模の大きい企業ほど，対応コストが高いことがわかる。また，最も企業規模の大きいグループ5では，平均値と中央値の差が大きいことから，一部

の企業の監査報酬が高いことにより，規模分布の不均一性が認められる。これは，グループ5の中でも企業規模の大きな企業では，海外展開や事業の複雑性による影響があることが予想される。

また，近年の監査報酬の引下げ局面では，企業規模による下落金額には大きな差はないが，もともとの報酬額が異なるため，下落率でみると小規模企業（グループ1とグループ2）ほど監査報酬の下落が大きいことがわかる。

すなわち，これらの図表に限っての解釈ではあるが，顧客維持のための監査報酬の値下げは，小規模企業において顕著であるという説明ができるように思われる。

次に，監査事務所の規模別に検討してみることにしよう。データの抽出基準は次のとおりである。
- 決算期の変更なし
- SEC登録企業等を除く
- 一時監査人，共同監査を除く
- 5年間データが入手可能
- 監査人を変更していない

サンプルは，1,627社×5年で8,135社となった。

図表3-32は，**図表3-13**同様に，大手は3監査法人（あずさ，新日本，トーマツ），中堅は2010年度において，10社以上の上場企業を監査している監査事務所，中小はその他監査法人・会計事務所による区分である。

結果として，3つの区分のうちいずれかが，大きく監査報酬を引下げているという状況は見当たらない。

その一方で，四半期レビュー制度及び内部統制監査制度導入時点での監査報酬の上昇は，大手監査事務所が大きくなっている。このことは，大手監査事務所が担当している被監査企業が，全体の75％を占める中で，1）それ以外の監査事務所が担当する被監査企業の規模や事業構造が比較的シンプルで，それらの制度による影響をあまり受けなかった，あるいは，2）大手監査事務所とそ

第3章 監査報酬の実態調査結果

図表3-32 監査法人別監査報酬の推移

平均値

		2006年度	2007年度	2008年度	2009年度	2010年度
大手	（百万円）	30.6	33.8	67.0	66.5	65.3
中堅	（百万円）	20.2	22.7	34.6	33.7	33.4
中小	（百万円）	19.5	20.8	29.6	30.0	29.9

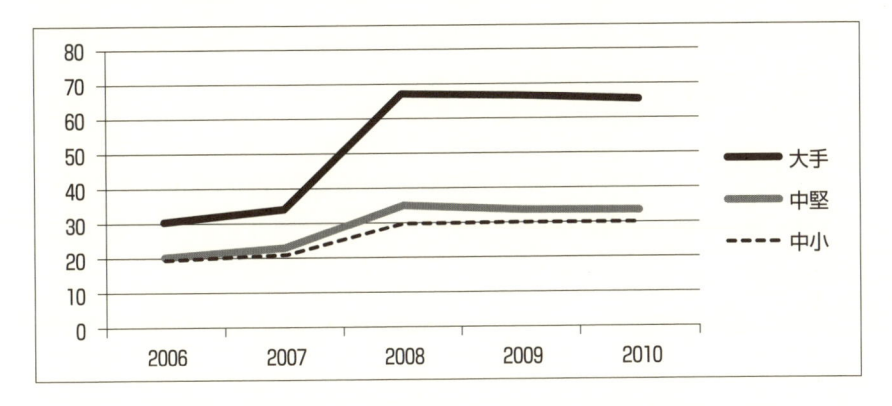

中央値

		2006年度	2007年度	2008年度	2009年度	2010年度
大手	（百万円）	22.0	24.0	40.0	40.0	39.0
中堅	（百万円）	17.6	19.7	27.0	27.0	26.9
中小	（百万円）	18.0	20.0	26.0	27.0	27.0

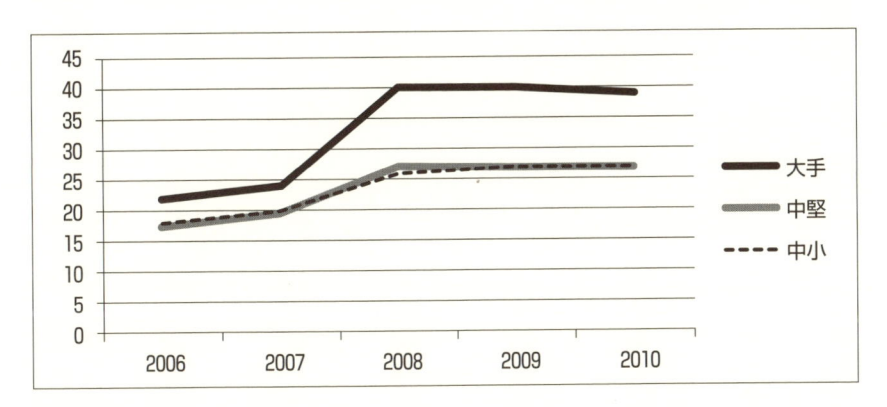

れ以外の監査事務所による四半期レビュー及び内部統制監査への対応が必ずしも同様ではなかったのではないか，といった想定が成り立つであろう。

さらには，大手監査事務所は，それらの制度対応で引き上げた監査報酬によって，いわゆる価格競争に臨む余地があるとも考えられるかもしれない。

（4）個別事案の検討の必要性

これまでみてきたように，この5年間における監査報酬の増減の背景には，四半期レビュー制度と内部統制監査制度の導入とその後の定着による効率化のプロセスがあったと指摘できよう。

最後に，図表3-33である。これは，両制度が導入される以前の2007年度と直

図表3-33　2007年度と2010年度を比較

監査報酬の変化率（2007年度→2010年度）

項目	増加企業	変化なし	減少企業
企業数（社）	1,962	8	33
合計（百万円）	55,190.14		-545.466
平均（百万円）	28.13		-16.53
最大（百万円）	698.7		-0.1
中央値（百万円）	14		-3.6
最小（百万円）	0.1		-144
標準偏差	52.82		30.27

監査報酬低下＆一定企業の概要（41社）

	監査報酬（百万円）	資産（百万円）	資産変化額（百万円）	監査人交代（延べ数）（社）	新興企業（社）	大手監査人（社）
企業数	41	41	41	41	41	41
合計	1,485	4,741,094	-315,252	10	18	14
平均	36	115,636	-7,689	24.40%	43.90%	34.15%
最大	223	1,934,236	143,584			
中央値	20	12,795	-1,347			
最小	7	346	-189,632			
標準偏差	45.18989	362,411.8	40,500.8			

近の2010年度を比較したものである。

　両制度の導入があった以上，少なくとも，それ以前より監査報酬額は増加しているものと考えられる。しかしながら，41社がそれ以前と同じまたは減少した監査報酬によって監査業務を行っているというのである。それらの企業は，24.40％が監査人の交代を経ており，43.90％が新興市場に属する企業であり，また，大手監査事務所が担当しているケースも34.15％もあるのである。

　これらについては，もはや統計数値で論じる問題ではなく，個別案件として，個々に検討する必要があるであろう。本書では，日本公認会計士協会の要請により，個別企業名及び個別監査事務所名を明らかにすることはできないため，分析はここまでとなるが，先にp85の**(1)**で取り上げた2010年度において前年比50％減少の15社，ないし20％以上減少の221社についての分析も含め，日本公認会計士協会による検討を期待したい。

　監査業務がコモディティでないとするならば，その根拠の最大のものは，高度な倫理観の下，自主規制によって業務の水準を高め，社会との契約を果たそうとする姿勢にこそあると考える。

　これらの企業の監査業務が，適切な水準の業務を提供していると自主規制機関たる日本公認会計士協会は，考えているのだろうか。

（町田祥弘・矢澤憲一）

# 第4章

監査報酬の実態に関する
アンケート調査

1 監査報酬の実態に関する調査の意義

　監査人・監査報酬問題研究会は，2007年より日本公認会計士協会からの委託研究を受け，有価証券報告書における開示データをもとに，わが国の監査報酬及び監査人に関する実態調査を行ってきた。各年度の調査結果は，各年版の『上場企業監査人・監査報酬白書』として，日本公認会計士協会出版局から出版されており，その概要は，第3章に示したとおりである。

　2011年度は，委託研究期間5年間の最終年度に当たることから，これまで5年間にわたって実施してきた調査結果を再整理するとともに，わが国の監査報酬に関するさまざまな問題点等を含めて包括的に検討した研究成果として，本書を上梓することとなった。その際に，この5年間の調査結果を踏まえて，現在の日本の監査報酬の実態に関して，当事者たる上場会社と監査事務所がいかなる意識を有しているのかを把握するために，全上場会社監査事務所（以下，監査法人及び個人事務所）ならびに全上場会社に対してアンケート調査を実施することとした。

　これまでに論じてきたように，わが国の監査報酬は，諸外国に比べてかなり低い水準にとどまっている。直近会計年度の監査報酬平均額は，アメリカの197.65百万円に対して，日本では56.46百万円であり，比率でみるならば，わが国の監査報酬は，アメリカの28.57％にしか過ぎないことになる。本研究会の5年間に及ぶ委託研究期間についてみてみても，米国の監査報酬が，リーマン・ショックで一時的に低下したものの，その後は一貫して上昇基調にあるのに対して，日本の監査報酬は，内部統制監査導入によって一時的に増加したものの，顧客獲得競争の影響等を受けて，一貫して低下傾向にあることがわかる。

　本研究において実施したアンケート調査は，監査事務所と上場会社の双方に対して，ほぼ同様の質問事項を提示し，監査報酬の低廉な状況を企業及び監査

人がどのように捉えているのか，そうした状況はどこに原因があるのか，今後の改善の可能性はあるのか，といった点を検討することを目的としている。

併せて，監査報酬問題とも密接な関連性があり，現在，欧州及びアメリカにおいて，制度改革の喫緊の課題となっている監査事務所の強制的交代制度についても，若干の質問を用意し，今後の議論のための基礎データを収集することとした。

以下，その調査結果と若干の分析結果を示すこととしたい。なお，質問票及び回答票は，本書の付録に所収している。

本調査にご協力いただいた上場会社及び監査事務所各位に，この場を借りて，心より御礼申し上げたい。

2 調査の方法等

本調査は，日本公認会計士協会の支援の下，以下の要領で実施した。

<調査方法>

郵送によって質問票を送付し，郵送またはFAXによって回答票を回収した。回答は，すべて無記名である。

なお，上場会社分については，発送・回収を調査会社に委託した。

<調査対象>

監査事務所——日本公認会計士協会の上場会社監査事務所登録制度に基づいて，2011年12月14日時点で「上場会社監査事務所名簿」に登録されている156監査事務所及び「準登録事務所名簿」に登録されている44監査事務所の計200監査事務所を対象として，質問票及び回答票を送付した。

上場会社——『会社四季報』2012年1集・新春号に所収の上場会社，全3,594

第4章　監査報酬の実態に関するアンケート調査

社を対象として質問票及び回答票を送付した。

＜実施時期＞
　監査事務所──2011年12月19日より2012年1月16日（最終回収日は，2月4日）
　上場会社──2012年1月25日より2012年2月10日（最終回収日は，2月24日）

＜有効回答＞
　監査事務所については，87件の有効回答（有効回答率43.5％）を得た。回答事務所及び実際の回答者の属性は**図表4-1**及び**図表4-2**のとおりである。

図表4-1　回答監査事務所の属性

属性	選択肢	回答数	比率（％）
①事務所の形態	1．監査法人	74	85.0
（有効回答n[以下同じ]=87）	2．個人事務所	12	13.8
	3．その他	1	1.1
②所属する公認会計士数	1．1〜10人	34	40.0
（n=85）	2．11〜50人	42	49.4
	3．51〜100人	1	1.2
	4．101〜200人	2	2.4
	5．201人以上	6	7.1
③担当上場企業数	1．1〜10社	70	81.4
（n=86）	2．11〜50社	10	11.6
	3．51〜100社	3	3.5
	4．101〜200社	0	0.0
	5．201社以上	3	3.5
④海外ネットワーク・ファームとの提携の有無	1．提携している	13	15.5
	2．提携していない	71	84.5
（n=84）	3．その他	0	0.0

図表4-2　監査事務所における実際の回答者

属性	選択肢	回答数	比率（%）
①資格	1．公認会計士	84	95.5
（n＝88；複数回答あり）	2．会計士補又は公認会計士試験合格者	1	1.1
	3．その他	3	3.4
②職位	1．代表社員	67	79.8
（n＝84)	2．社員	8	9.5
	3．マネージャー	0	0
	4．シニア	0	0
	5．ジュニア	1	1.2
	6．その他	8	9.5

　一方，上場会社については，736件の有効回答（有効回答率20.5%）を得た。回答会社の属性は，**図表4-3**，**図表4-4**，**図表4-5**及び**図表4-6**のとおりである。

第4章　監査報酬の実態に関するアンケート調査

図表4-3　回答会社の属性　①業種（n=718）

選択肢		回答数	比率（%）
01	水産・農林業	4	0.6
02	鉱業	2	0.3
03	建設業	42	5.8
04	食料品	25	3.5
05	繊維製品	5	0.7
06	パルプ・紙	5	0.7
07	化学	41	5.7
08	医薬品	11	1.5
09	石油・石炭製品	2	0.3
10	ゴム製品	5	0.7
11	鉄鋼	14	1.9
12	ガラス・土石製品	8	1.1
13	非鉄金属	8	1.1
14	金属製品	16	2.2
15	機械	34	4.7
16	電気機器	58	8.1
17	輸送用機器	33	4.6
18	精密機器	15	2.1
19	その他製品	20	2.8
20	電気・ガス業	11	1.5
21	陸運業	13	1.8
22	海運業	5	0.7
23	空運業	2	0.3
24	倉庫・運輸関連業	8	1.1
25	情報・通信業	54	7.5
26	卸売業	74	10.3
27	小売業	72	10.0
28	不動産業	18	2.5
29	サービス業	78	10.9
30	その他	35	4.9

図表4-4　回答会社の属性　②規模

属性	選択肢	回答数	比率（%）
①正規従業員数 （n＝728）	1．1名以上500名以下	348	47.8
	2．501名以上1,000名以下	144	19.8
	3．1,001名以上5,000名以下	171	23.5
	4．5,001名以上10,000名以下	33	4.5
	5．10,001名以上20,000名以下	14	1.9
	6．20,000名超	18	2.5
②総資産額 （n＝721）	1．100億円未満	183	25.4
	2．100億円以上500億円未満	277	38.4
	3．500億円以上1,000億円未満	83	11.5
	4．1,000億円以上3,000億円未満	88	12.2
	5．3,000億円以上5,000億円未満	20	2.8
	6．5,000億円以上	70	9.7
③売上高 （n＝729）	1．100億円未満	182	25.0
	2．100億円以上500億円未満	282	38.7
	3．500億円以上1,000億円未満	98	13.4
	4．1,000億円以上3,000億円未満	98	13.4
	5．3,000億円以上5,000億円未満	24	3.3
	6．5,000億円以上	45	6.2
④子会社数 （n＝715；数値による回答）	合計		144,37.00
	平均		20.19
	分散（n−1）		3,513.63
	標準偏差		59.28
	最大値		865.00
	最小値		0.00

図表4-5　回答会社の属性　③担当監査事務所（n=715）

選択肢	回答数	比率（%）
1．大手監査法人（あずさ・あらた・新日本・トーマツ）	548	76.8
2．中規模監査法人（太陽ASG・三優・優成・東陽・京都）	50	7.0
3．その他監査法人	115	16.1
4．個人事務所	2	0.3

図表4-6　回答会社における実際の回答者（n=690）

選択肢	回答数	比率（%）
1．内部監査室等	12	1.7
2．監査役室	2	0.3
3．社長室・秘書室	5	0.7
4．経理	527	76.4
5．財務	114	16.5
6．総務	14	2.0
7．その他	16	2.3

3　調査結果

（1）監査報酬の決定方法

　はじめに，監査事務所と上場会社に対して，監査報酬をどのように決定しているのかを尋ねてみた。その結果が，**図表4-7**及び**図表4-8**である。

図表4-7　監査事務所における監査報酬に対するレビュー（n＝86）

選択肢	回答数	比率（%）
1．決定額についての報告を担当監査人から受けている。	28	32.6
2．決定額，決定過程，報酬額の算定根拠を含めて，担当監査人から報告を受けている。	18	20.9
3．決定額，決定過程，報酬額の算定根拠について，監査事務所としてレビューを行っている。	31	36.0
4．その他	9	10.5

図表4-8　上場会社における監査報酬の算定内容の検討（n＝723）

選択肢	回答数	比率（%）
1．監査報酬額を担当監査事務所からの提示に基づいてそのまま認めている。	18	2.5
2．監査報酬額及び算定根拠を担当監査事務所からの報告を踏まえて自社内で検討している。	575	79.5
3．監査報酬額について，同業他社等の報酬額と比較している。	113	15.6
4．その他	17	2.4

　監査事務所（**図表4-7**）については，監査報酬の決定を担当監査人に任せているケースが多く，単に報告のみとするケースも32.6％に及んでいるのに対して，上場会社（**図表4-8**）では，担当監査事務所から提示された金額をそのまま認めるというケースは2.5％とほとんどなく，監査事務所からの算定根拠等を検討するというケースが79.5％で大多数であった。同業他社と比較検討するという回答は15.6％であり，これをみる限り，必ずしも一般的ではない，あるいは常時行われているわけではないものと解される。

(2) 現在の監査報酬についての認識

現在の監査報酬の水準について，監査事務所と上場会社の双方に尋ねたところ，**図表4-9**のような結果が得られた。

図表4-9　現在の監査報酬額に対する評価

選択肢	監査事務所（n=85）		上場会社（n=730）		
	回答数	比率（％）	回答数	比率（％）	
1．非常に高い金額である。	0	0.0	71	9.7	
2．やや高い金額である。	1	1.2	335	45.9	
3．どちらともいえない。	45	52.9	279	38.2	
4．やや低い金額である。	35	41.2	43	5.9	
5．非常に低い金額である。	4	4.7	2	0.3	
					t値
5点スケールに基づく加重平均		3.49		2.41	15.0797***
標準偏差		0.6099		0.7561	

注　***：p<.01，**：p<.05，*：p<.10，n.s.：有意差なし（以下，同様）

　監査事務所においては，「どちらともいえない」という回答が多い。これは，適正な報酬を請求し受け取っているということを意味しているものと解される。しかしながら，先述のとおり，日本の監査報酬はアメリカに比べてかなり低廉な水準にあり，過半数の回答者から，現状追認の回答があったことは，若干，意外な結果であった。また仮に，こうした回答が，年度当初の監査契約時点で決定された報酬額に応じた監査時間内でしか業務を行っていない，という意味だとすると，監査の品質という観点で問題を惹起するであろう。

　一方，上場会社においても，「どちらともいえない」（38.2％）とする回答が一定割合を占めており，監査人との交渉によって，適正な報酬決定がなされているとの認識があることが示されている。ただし，上場会社において最も多い回答は，「やや高い」とするものであり，この点で，監査事務所側と若干の差異が示されている。

両者の差異を加重平均で比較すると，監査事務所の回答は「やや低い」(3.49)の側に，上場会社の回答は「やや高い」(2.41)の側に偏っており，統計的にも両者には有意な差異が認められる。

　アンケートでは，上記の設問に対して，1.「非常に高い」または2.「やや高い」と答えた回答者に，その理由を尋ねている。結果は**図表4-9-A①**のとおりである。当該選択肢を選んだ監査事務所は1件なので，これ以上の分析の術はないが，上場会社における回答結果では，「仕事の内容・量に比べて，高いと考えられる」(47.1%)，「他社に比べて，監査報酬額が高いから」(27.7%) とする回答が多くを占めている。

図表4-9-A①　監査報酬が高いとする回答者が挙げる理由

選択肢	監査事務所 (n=1)		上場会社 (n=393)	
	回答数	比率 (%)	回答数	比率 (%)
1．仕事の内容・量に比べて，高いと考えられるから	0	0.0	185	47.1
2．高い報酬額を受け取っている／支払っているから	1	100.0	47	12.0
3．他の事務所／他社に比べて，監査報酬額が高いから	0	0.0	115	29.3
4．とくに理由はない	0	0.0	12	3.1
5．その他	0	0.0	34	8.7

　また，同じ回答者に対して，「平均的にみると，日本の監査報酬額は諸外国に比べて低いものとなっている」ことを説明した上で，そうした状況の理由について尋ねてみたところ，**図表4-9-A②**のとおりの結果となった。同じく，上場会社における回答結果をみると，回答はバラついているものの，監査に対する社会の理解の低さ (33.1%) や企業側の値下げ圧力 (19.3%) を挙げる回答が目立っている。

図表4-9-A②　監査報酬が高いとする回答者による日本の監査報酬が低い理由（複数回答可）

選択肢	監査事務所 (n=1)		上場会社 (n=393)	
	回答数	比率 (%)	回答数	比率 (%)
1．企業側の値下げ圧力	0	0.0	73	18.6
2．監査事務所どうしの値下げ競争	1	100.0	45	11.5
3．監査に対する社会の理解の低さ	1	100.0	125	31.8
4．わからない	0	0.0	96	24.4
5．その他	0	0.0	52	13.2

注：複数回答可のため，比率は，有効回答数に占める当該選択肢を選んだ回答数の比率となっている。
（以下，複数回答可の設問について，同様。）

他方，先の**図表4-9**において，現在の監査報酬額が「非常に低い」または「やや低い」とした回答者に，その理由を尋ねたところ，結果は**図表4-9-B①**のとおりであった。

図表4-9-B①　監査報酬が低いとする回答者が挙げる理由

選択肢	監査事務所 (n=38)		上場会社 (n=45)	
	回答数	比率 (%)	回答数	比率 (%)
1．仕事の内容・量に比べて，低いと考えられるから	19	50.0	5	11.1
2．交渉によって，低い監査報酬額に抑えられているから	13	34.2	28	62.2
3．他の事務所／他社に比べて，低い報酬額となっているから	5	13.2	12	26.7
4．とくに理由はない	0	0.0	0	0
5．その他	1	2.6	0	0

監査事務所のうち，現在の報酬額が低いとした回答者が考える理由としては，「仕事の内容・量に比べて，低いと考えられるから」（50.0％），「契約先の被監査企業との交渉によって，低い監査報酬額に抑えられているから」（34.2％）という選択肢を選ぶ者がほとんどであった。

この結果は，先の**図表4-9-A①**に示した結果と比べると対照的な結果となっ

ている。上場会社において現在の監査報酬が高いとする理由としては,「仕事の内容・量に比べて,高いと考えられる」(47.1%)とする回答が半数近くを占めているからである。高度な職業専門的業務であるはずの監査業務に対する監査事務所側の評価と,企業側の評価との間には大きな認識のギャップがあるように思われる。

他方,上場会社において現在の報酬が低いとする回答者が考える理由としては,「交渉によって低い金額に抑えられている」(62.2%)が圧倒的に多い結果となっている。

続いて,同じ回答者に対して,「平均的にみると,日本の監査報酬額は諸外国に比べて低いものとなっている」ことを説明した上で,そうした状況の理由について尋ねてみたところ,図表4-9-B②のとおりの結果となった。

図表4-9-B②　監査報酬が低いとする回答者による日本の監査報酬が低い理由（複数回答可）

選択肢	監査事務所 (n=38)		上場会社 (n=45)	
	回答数	比率 (%)	回答数	比率 (%)
1．企業側の値下げ圧力	2	5.3	9	20.0
2．監査事務所どうしの値下げ競争	15	39.5	12	26.7
3．監査に対する社会の理解の低さ	20	52.6	11	24.4
4．わからない	2	5.3	7	15.6
5．その他	0	0.0	5	11.1

ここで注目すべきは,監査事務所側の回答として,「企業側の不当な値下げ圧力」(5.3%)という回答はかなり少なく,企業側の値下げ要求が「不当」なものであるとの認識は,監査人側では持たれていない傾向にある。その一方で,「監査事務所どうしの値下げ競争」(39.5%)や「監査に対する社会の理解の低さ」(52.6%)が挙げられているのである。監査人としては,監査に対する社会の理解の低さに起因し,自ら進んで企業に対して監査報酬の引き下げを申し出ることで契約の獲得・維持することが普通であると考えているのかもしれない。

それに対して,上場会社側は,「企業側の値下げ圧力」(20.0%),「監査事務

所どうしの値下げ競争」(26.7%) 及び「監査に対する社会の理解の低さ」(24.4%) とそれぞれの理由が大きな差なく挙げられており，想定どおりの極めて常識的な反応と解される。

(3) 低廉な監査報酬の原因と解消

　回答者全員に対して，日本の監査報酬が低廉であることを説明した上で，その原因は誰にあるかを尋ねたところ，**図表4-10**のような結果となった。

図表4-10　監査報酬が低い原因（複数回答可）

選択肢	監査事務所 (n=86)		上場会社 (n=723)	
	回答数	比率 (%)	回答数	比率 (%)
1. 被監査企業の経営者	55	64.0	184	25.4
2. 被監査企業の監査受入れ担当者	15	17.4	45	6.2
3. 被監査企業の監査役	15	17.4	46	6.4
4. 大手監査事務所	42	48.8	175	24.2
5. 中小監査事務所	16	18.6	63	8.7
6. 政府（金融庁等）	13	15.1	103	14.2
7. 日本公認会計士協会	20	23.3	97	13.4
8. 日本の社会	39	45.3	234	32.4
9. わからない	3	3.5	207	28.6
10. その他	5	5.8	67	9.3

　図表4-10からわかるように，監査事務所 (64.0%) と上場会社 (25.4%) のいずれも，「被監査企業の経営者」を主たる原因の1つとして挙げており，企業側からの引下げ圧力が原因だとする共通認識が見受けられる。とくに，監査事務所における比率は顕著であるといえよう。

　監査事務所と上場会社に大きな差があるのは，「日本の社会」及び「政府（金融庁等）」とする回答である。「日本の社会」と回答した上場会社は32.4%であるのに対して，監査事務所では45.3%にも及ぶ。この回答は，日本の監査報酬

の低廉な状況は，日本社会の高度な専門職業に対する理解や信頼，労働環境，資本市場を取り巻く環境，規制環境等に依存しており，なかなか解決が難しいという認識の表れなのかもしれない。また，上場会社が「政府（金融庁等）」を多く選択している理由は，「低廉な監査報酬を解消するために主たる役割を果たすべき責任は誰にあるか」という質問に対する回答（後述）と併せて解釈すると，法令・規則等で強制しない限り，監査報酬は高くならないと考えているのかもしれない。

また，監査事務所の回答者も，上場会社の回答者も，監査事務所については「大手監査事務所」の方が「中小監査事務所」よりも監査報酬の低廉傾向に責任があるとの認識を有していることが示された。監査事務所の回答では，大手が48.8%に対して中小は18.6%，上場会社では，24.2%と8.7%という結果である。

この点については，次の質問事項において，監査事務所どうしの顧客獲得競争の影響について尋ねている。回答結果は，図表4-11のとおりであった。

図表4-11　監査事務所どうしの顧客獲得競争の影響

選択肢	監査事務所 (n=86)		上場会社 (n=727)		
	回答数	比率 (%)	回答数	比率 (%)	
1．非常に影響を及ぼしている。	39	45.3	55	7.6	
2．やや影響を及ぼしている。	38	44.2	302	41.5	
3．どちらともいえない。	5	5.8	201	27.6	
4．あまり影響を及ぼしていない。	3	3.5	110	15.1	
5．ほとんど影響を及ぼしていない。	0	0.0	54	7.4	
6．その他	1	1.2	5	0.7	
					t値
（その他を除く） 5点スケールに基づく加重平均		1.67		2.73	11.8001***
標準偏差		0.7462		1.0506	

第4章　監査報酬の実態に関するアンケート調査

　監査事務所と上場会社のいずれの認識においても，監査事務所どうしの顧客獲得競争が監査報酬の低廉化に影響を及ぼしていると捉えられている。さらに，5点スケールに基づく加重平均によれば，監査事務所と上場会社の回答には，有意な差異が認められる。すなわち，監査事務所（平均1.67）の方が，上場会社（同2.73）よりも，監査事務所間の過当競争の影響が認められるとする回答を寄せているのである。

　そうした実感があるのであればなおのこと，監査事務所の側が監査報酬の低廉化問題を考えるに当たっては，まずは監査人側の過当競争を戒める，あるいは何らかの方法で抑制する方策を検討する必要がある。

　また，先の**図表4-10**の結果において，大手監査事務所の方が，中小監査事務所よりも監査報酬の低廉化傾向に責任が重いとされていることからすると，大手監査事務所が中小の事務所が担当する被監査企業を競争的に奪っていく，といった批判の意味が込められているのかもしれない。そうした過当競争については，財務諸表監査が資本市場を支える公的役割を担っている点から，何らかの過当競争抑制策を検討する必要があるのではなかろうか。

　次に，こうした監査報酬の低廉傾向を解消する必要性について尋ねたところ，**図表4-12**のような結果が得られた。

図表4-12 監査報酬の低さを解消する必要性

選択肢	監査事務所（n=86）		上場会社（n=727）	
	回答数	比率（%）	回答数	比率（%）
1．とても解消する必要がある。	47	54.7	6	0.8
2．やや解消する必要がある。	23	26.7	48	6.6
3．どちらともいえない。	13	15.1	240	33.0
4．あまり解消する必要があるとは思わない。	1	1.2	269	37.0
5．ほとんど解消する必要があるとは思わない。	0	0.0	142	19.5
6．その他	2	5.8	22	3.0
				t値
（その他を除く）5点スケールに基づく加重平均		1.62		3.70	20.3698***
標準偏差		0.7901		0.8953	

　本問に対する回答も，監査事務所（平均1.62）と上場会社（平均3.70）の回答の間には，有意に大きな差異が認められた。

　まず，監査事務所では，「とても解消する必要がある」（54.7％），「やや解消する必要がある」（26.7％）と8割以上の回答者が，低廉な監査報酬の改善の必要性を認めている。このことは，先の**図表4-9**の結果と対比すると興味深い。つまり，現状の監査報酬額は，契約で適正な金額として決定しているとはいうものの，行っている業務の内容や量を考えると，監査報酬の低廉な状態については，改善を図るべきであるとの認識が示されているものと解されるからである。

　他方，上場会社の側では，「あまり解消する必要があるとは思わない」（37.0％），「ほとんど解消する必要があるとは思わない」（19.5％）の2つの選択肢で過半数を占めている。これは報酬を支払う側としては，現状の監査報酬の上昇は好ましくないという点からは，予想される回答である。しかしこのような理解は，

まさしく監査業務を日用品的に捉えていることの表れであり，監査業務が企業ごとの高度なオーダーメイドの特注品であるという理解が乏しいことを示しているように思われる。また，ここでも「どちらともいえない」(33.0%) という回答があり，自社の負担の増加または単純なコスト増は喜ばしくはないものの，一般論として，低廉な監査報酬に問題があるのであれば，「どちらともいえない」とする回答を選んだものではないか，と想像される。仮に，一定の会社側の理解があるのだとすれば，監査人の側では，単に現状を追認するのではなく，監査報酬の適正化—それは実質的監査時間の増加によるものでなければならないが—に向けた，ヨリ丁寧な交渉努力が必要となるであろう[1]。

さらに，**図表4-12**において「とても解消する必要がある」または「やや解消する必要がある」と回答した回答者に，低い監査報酬を解消すべき責任が誰にあるかを複数回答で尋ねたところ，**図表4-12-A**の結果が得られた。

---

1) 監査報酬の低さは，監査時間が少ないことの他に，監査時間当たりの業務単価が低いことによる場合も考えられる。たとえば，最低限，必要な作業は実施しているが，その時間に対する報酬額が低い（つまり業務単価が安い）ことによって，監査報酬額が低くなっているということも想定できる。

　しかしながら，この点については，以下の調査や研究等によって，日本の監査実務における監査時間が，海外の1/4程度であることが明らかになっている。したがって，少なくとも，監査時間の少なさが監査報酬が低廉であることの大きな原因であることは指摘できるであろう。

　日本公認会計士協会［2004］報告書「国際比較に基づく監査時間数の増加の提言」，3月17日。

　町田祥弘「監査時間の国際比較に基づく監査の品質の分析」［2012］，『會計』第181巻第3号，354-367頁。

図表4-12-A　低い監査報酬を解消する責任がある者（複数回答可）

選択肢	監査事務所（n=70）		上場会社（n=54）	
	回答数	比率（％）	回答数	比率（％）
1．被監査企業の経営者	43	61.4	18	33.3
2．被監査企業の監査受入れ担当者	13	18.6	3	5.6
3．被監査企業の監査役	16	22.9	4	7.4
4．大手監査事務所	41	58.6	22	40.7
5．中小監査事務所	14	20.0	7	13.0
6．政府（金融庁等）	18	25.7	27	50.0
7．日本公認会計士協会	35	50.0	23	42.6
8．日本の社会	23	32.9	17	31.5
9．わからない	1	1.4	3	5.6
10．その他	2	2.9	0	0.0

　監査事務所側では、「被監査企業の経営者」（61.4％）、「大手監査事務所」（58.6％）、「日本公認会計士協会」（50.0％）の順であり、他方、上場会社側では、「政府（金融庁等）」（50.0％）、「日本公認会計士協会」（42.6％）、「大手監査事務所」（40.7％）の順となっていた。双方に共通して、日本公認会計士協会や大手監査法人のイニシアティブによるしかないとの考え方がある一方で、監査事務所には、会社の経営者が意識を変えなければならないという考え方が根強いことがみて取れる。また、上場会社が政府（金融庁等）の役割を重視していることは、監査報酬が監査事務所と上場会社との交渉だけでは改善されないという意識を示しているとも解される。

（4）監査契約の公的管理と強制的交代制

　最後に、現在、欧州及びアメリカで議論になっている監査事務所の強制的交代の問題について、質問項目を用意した。
　まず、EUの政策決定機関である欧州委員会から公表されたグリーンペーパ

第4章　監査報酬の実態に関するアンケート調査

—[2] において示されていた監査契約の公的管理の問題である。監査契約を公的機関の管理下に置いて，監査人の独立性や監査報酬等を公的に管理しようという目的からの提案であった。これについては，最終的な監査制度改革案[3] においては残されなかったものの，かつて北欧諸国において導入された例もあり，また，監査事務所の強制的交代制が仮に導入されたとすると，その延長線上にある規制とも捉えられるものである。

図表4-13　監査契約の公的管理の必要性

選択肢	監査事務所（n=85）		上場会社（n=730）		
	回答数	比率（％）	回答数	比率（％）	
1．非常に必要である	6	7.1	55	7.5	
2．必要かもしれない	22	25.9	129	17.7	
3．どちらともいえない	15	17.6	210	28.8	
4．あまり必要ではない	15	17.6	197	27.0	
5．全く必要ではない	27	31.8	139	19.0	
					t値
（その他を除く）					
5点スケールに基づく加重平均		3.41		3.32	$0.6412^{n.s.}$
標準偏差		1.3486		1.1862	

結果は，**図表4-13**のとおりであり，監査事務所と上場会社の回答に有意な差異は認められなかった。

上場会社側の否定的な回答は予想されたところであるが，他方で，監査事務所側において，「非常に必要である」（7.1％）と「必要かもしれない」（25.9％）という回答が多いこと，すなわち，監査人としては，監査契約について，公的

---

2) European Commission [EC] [2010], *Green Paper, Audit Policy "Lessons from the Crisis,"* 13th October.

3) EC [2011], "Proposal for a Directive of the European Parliament and of the Council amending Directive 2006/43/EC on statutory audits of annual accounts and consolidated accounts," and "Proposal for a Regulation of the European Parliament and of the Council on specific requirements regarding statutory audit of public-interest entities," 30th November.

規制を望んでいる回答が一定割合みられるという点が興味深い点であろう。

なお，回答票に示された担当上場会社数から推測すると，3大監査事務所では，いずれも公的管理は「全く必要ではない」との回答が示されていた。中堅監査事務所においても，必要との回答は得られていない。そうした回答結果は，公的管理に委ねられることによって自由度が損なわれるとして，さらなる規制を嫌うという高度な専門職業固有の意識の表れと考えられるが，同時に，中堅規模に及ばない監査事務所において，過当競争を解決すべく一定の管理を求める声が強いとも解されるのである。

さらに，公的管理が「非常に必要である」または「必要かもしれない」とした回答者に対して，公的管理を誰が行うべきか（公的管理の主体），いかなる方法で行うことが適切か（公的管理の方法）を尋ねた。結果は，**図表4-13-A**のとおりである。

図表4-13-A　監査契約の公的管理を行うべき主体と方法

選択肢	監査事務所		上場会社	
	回答数	比率（%）	回答数	比率（%）
①主体	(n=33)		(n=176)	
1．金融庁	5	15.2	105	59.7
2．公認会計士・監査審査会	5	15.2	26	14.8
3．証券取引所	4	12.1	14	8.0
4．日本公認会計士協会	18	54.5	29	16.5
5．その他	1	3.0	2	1.1
②方法	(n=30)		(n=173)	
1．標準監査報酬の設定	15	50.0	84	48.6
2．監査契約の事前審査	2	6.7	35	20.2
3．監査契約の事後審査	6	20.0	21	12.1
4．公的管理下での入札	0	00.0	14	8.1
5．公的管理下での割り当て	3	10.0	17	9.8
6．その他	4	13.3	2	1.2

図表4-13-Aにみられるように，監査事務所側の回答では，「日本公認会計士協会」(54.5%) が「標準監査報酬の設定」(50.0%) をすべきであるという回答が大半を占めていた。つまり，かつての標準監査報酬制度の復活を期待する声が大きいのである。標準監査報酬規定が置かれていた当時も標準監査報酬額からの値下げ交渉があり，必ずしも標準監査報酬額どおりに報酬が支払われたわけではなかったものの，現在の過当競争の中での際限のない監査報酬の値下げよりは望ましい，という意識の表れなのかもしれない。

また，上場会社側においても，公的管理が必要とした回答者のうち，48.6%が標準監査報酬の設定が望ましいとしており，監査報酬に関する何らかの目安を求める傾向は，監査人と会社とを問わず，強いことがわかるのである。主体については，「日本公認会計士協会」とする回答は16.5%と少なく，「金融庁」(59.7%) が圧倒的多数を占めている。これは，日本公認会計士協会では，業界の利益を擁護して，監査法人側の意向に沿った対応が図られるという懸念を反映したものと推測される。

次に，監査事務所の強制的交代制度について尋ねてみた。同制度は，先の欧州委員会による提案では，原則6年ごとの交代（共同監査を行う場合には，9年ごとの交代）が提案されており，また，アメリカにおいても，公開会社会計監視委員会が，コンセプトリリース[4]を公表して，現在，制度化に向けて検討中である。

すでに日本を含む多くの国では，法規によって，監査担当者の定期的交代制度を導入済みである。さらに，それを徹底して，監査契約の主体である監査事務所ごと交代すべきというのが，監査事務所の強制的交代制度の考え方である。日本では，2001年にアメリカで発覚したエンロン事件を受けて行われた公認会計士法改正によって，監査担当者の7年ごとの定期的交代制が法定化され，続いて，2005年に発覚したカネボウ事件を受けて行われた公認会計士法改正によ

---

4) Public Company Accounting Oversight Board [PCAOB] [2011], Rulemaking Docket Matter No. 37 : *Concept Release on Auditor Independence and Audit Firm Rotation*, 16th August.

って，さらなる監査人の独立性強化を図るべく，大規模監査法人における監査担当責任者の5年ごとの交代制が導入されている。これら2回に及ぶ公認会計士法の改正の議論の際には，監査事務所の強制的交代制度も議論の俎上に載せられていた。

監査事務所の強制的交代には，独立性を強化し，新任の監査事務所が「新たな視点」(fresh look)によって監査を行うというメリットが指摘される。他方，強制的交代によって，監査事務所に蓄積された監査関連の知識や経験が失われ，交代後数年の間に監査の失敗が多いこと及び監査事務所の交代には新規契約に伴うコストが生じること等のデメリットがあるとされている。

2003年及び2007年の公認会計士法改正時には，そうしたデメリットの観点，ならびに，日本公認会計士協会を始めとする監査プロフェッション及び経済界が挙って反対の姿勢を示したこともあって，強制的交代は実施に移されることはなかったのである。

しかしながら，現在の世界的情勢は，再び監査事務所の強制的交代によって，監査人の独立性の確保，監査の品質の向上，さらには大手事務所に偏在した監査契約を広く中小の監査事務所にも配分すること等を目途として，行政当局を中心として，導入の可否に関する議論が喧しいのである。

アンケートの結果は，**図表4-14**のとおりであった。

図表4-14 監査事務所の強制的交代の必要性

選択肢	監査事務所（n=87）		上場会社（n=730）		
	回答数	比率（％）	回答数	比率（％）	
1．非常に必要である	14	16.1	26	3.6	
2．必要かもしれない	27	31.0	108	14.8	
3．どちらともいえない	12	13.8	181	24.8	
4．あまり必要ではない	11	12.6	269	36.8	
5．全く必要ではない	23	26.4	146	20.0	
					t値
（その他を除く）					
5点スケールに基づく加重平均		3.02		3.55	3.2368***
標準偏差		1.4705		1.0764	

　強制的交代制についても，上場会社側では，「あまり必要ではない」及び「全く必要ではない」を合せて56.8％に上るなど，否定的な回答が数多く寄せられた。それに対して，監査事務所側では，「非常に必要である」（16.1％）及び「必要かもしれない」（31.0％）の回答が半数近くを占めていることが注目される。

　回答票に示された担当上場会社数から推測すると，3大監査事務所では，いずれも「全く必要ではない」との回答が示されていたが，中堅監査事務所の中では，2つの事務所が「必要かもしれない」との回答を寄せていることになる。このことは，海外で行われている監査事務所の強制的交代の議論においても示される徴候である。それらは，先に述べた強制的交代制度のメリットに鑑みての回答かもしれないが，他方で，穿った見方をするならば，中堅監査事務所が強制的交代によって顧客獲得の機会の創出を期待しているとも捉えられるかもしれない。

　さらに，すべての回答者に対して，「監査事務所の強制的交代制が導入された場合，監査報酬及び監査の品質はどうなると考えられるか」を尋ねたところ，**図表4-15**が得られた。

図表4-15　監査事務所の強制的交代の影響

選択肢	監査事務所		上場会社		
	回答数	比率（%）	回答数	比率（%）	
①監査報酬	（n=86）		（n=734）		
1．かなり上がる	6	7.0	83	11.3	
2．やや上がる	21	24.4	223	30.4	
3．変わらない	29	33.7	247	33.7	
4．やや下がる	12	14.0	92	12.5	
5．かなり下がる	12	14.0	18	2.5	
6．わからない	6	7.0	71	9.7	
					t値
（その他を除く）					
5点スケールに基づく加重平均		3.04		2.61	3.2137***
標準偏差		1.1523		0.9648	
②監査の品質	（n=86）		（n=733）		
1．かなり向上する	6	7.0	15	2.0	
2．やや向上する	13	15.1	103	14.1	
3．変わらない	24	27.9	192	26.2	
4．やや低下する	17	19.8	249	34.0	
5．かなり低下する	21	24.4	115	15.7	
6．わからない	5	5.8	59	8.0	
					t値
（その他を除く）					
5点スケールに基づく加重平均		3.42		3.51	0.6555[n.s.]
標準偏差		1.2359		1.0158	

　強制的交代による影響に関して，監査報酬について「かなり上がる」（監査事務所7.0％；上場会社11.3％）または「やや上がる」（監査事務所24.4％；上場会社30.4％）を選んで上昇すると予想したのは，上場会社の回答者に多く，上場会社側には，強制的交代による監査報酬の上昇に対する懸念が根強いことがみて取れる。監査事務所においては，「やや下がる」または「かなり下がる」とする回答がいずれも14.0％と示されるなど，交代によって契約が新規に締結される際に監査報酬の引下げ圧力を懸念していると解される回答も多く示され

ているのである。5点スケールによる加重平均の比較によっても、監査事務所と上場会社の回答には有意な差が認められている。

他方、強制的交代によって監査の品質に影響があるかどうかについても尋ねたところ、「かなり低下する」（監査事務所24.4％；上場会社15.7％）、「やや低下する」（監査事務所19.8％；上場会社34.0％）と、いずれも半数近くが強制的交代は監査の品質の低下をもたらすと回答している。この回答結果と、監査事務所の半数近くが強制的交代を求めていることは矛盾するようにも思えるが、現在の監査契約実態よりも強制的交代の方がヨリ適切な契約が結べるということなのであろうか。他方で、「変わらない」を含めれば、交代によって品質が向上するまたは現在と同じとする回答は、監査事務所及び上場会社のいずれにおいても過半数を占めているとも解することができるであろう。

4 小括 ─日本の監査報酬の実態に関する意識

以上が今般実施したアンケート調査の結果の概要である。

現状の監査報酬額に対する認識については、監査契約の結果として適切なものであると考える回答も多いものの、一般に、監査人側と上場会社側において監査報酬の現状についての認識の違いがある。監査人側は、監査人の業務の内容及び量からみて、現在の監査報酬額は低いと考えており、一方、上場会社側は現状でも高いと考える傾向が認められた。

監査人側の現状認識については、第3章で示した海外との比較からみても、調査以前に想定されていたとおりであるが、上場会社側において、監査人の現在の業務について実際の支払額ほどの価値を認めていないとさえ捉えられる回答が寄せられたことは、深刻な状況であろう。監査の必要性や意義に対する社会的認知ないし信認が十分に確立していないことの証左ともいえるからである。

また，この背景には，監査現場において，若年の経験の少ない会計士が往査に来て，企業側が経理実務について彼ら／彼女たちに説明をすることに多大な労力を割いていることも一因と考えられる。しかしながら，こうした状況は，低廉な監査報酬が監査時間の低減とともに，監査実務に当たる担当者の時間当たり単価を下げるべく低位の職階の担当者を往査に赴かせることから生じる問題でもある。言い換えれば，監査報酬の低廉化が監査時間や業務担当者のレベルの低下を招き，それが監査や監査人に対する評価を引き下げて，さらなる監査報酬の低下に繋がるという，悪循環が生じてしまっていると解されるのである。

　また，同様に，監査報酬の低廉な現状を改善する必要性については，必要と考える監査人側と必要なしとする上場会社側との間に見解の相違が認められた。ただし，両者ともに，現状に問題があるとすれば，それは監査事務所の過当競争に一因があるという点では一致している。また，監査人側は，経営者の意識改革を求める回答を示しているが，同時に，両者とも，日本公認会計士協会による標準監査報酬の設定等によって監査報酬の適正化が図られることを期待していることが明らかとなった。

　これらの結果を検討すると，現状を改善することの難しさがわかる。まず，監査事務所の価格競争については，監査事務所が営利事業体である以上，自らの利益を追求するために，それぞれの経営戦略に基づいて競争することとなる。過当な競争は，長期的な観点に立てば監査事務所の首を絞めることになるとしても，目の前の顧客獲得に邁進するという経営戦略を外部から一方的に否定することはできないであろう。市場の失敗はあるにせよ，競争そのものが悪いわけではない。他方で，経営者の意識改革を求めるというのも，長期的な観点では重要なことではあるが，一朝一夕に進展が認められるとは思われず，その間にも，前述のような監査報酬の低廉化による事態の悪化が進むおそれがある。では，事態解決のために，かつての標準監査報酬制度を復活させることができるかといえば，第2章で述べたように，独占禁止法の価格協定（カルテル）の問題があって，実現は容易ではない。

　問題は，監査のような専門職業の業務が価格のみの競争に陥っていることで

あり，それは一種の「市場の失敗」に該当する。市場の失敗に対しては，最低限の公的規制を導入することが考えられるが，専門職業にあっては，旧くからそれを解決する方法として，自主規制を用いてきたのである。すなわち，一つの解決策は，不適切な監査報酬を含む監査契約とそれに基づく監査実務について，自主規制機関たる日本公認会計士協会が不当に低廉な監査契約を指摘し，自主規制の下で処分していくことに他ならないであろう。同協会にそれができないのであれば，公認会計士・監査審査会等においてそれを実施すべきと考えるが，同時にそれは，自由契約に基づく監査契約に対する公的規制の導入を認めることとなり，自主規制の放棄と呼ぶべきことかもしれない。

　最後に，本調査研究では，海外で議論が高まりをみせている，監査契約の公的管理や監査事務所の強制的交代制についても回答を求めた。総じて会社側は反対であるものの，監査人側は必ずしも反対というわけではなく，それらを肯定する回答も見受けられた。監査人の側には，現状よりはマシとの認識があるのかもしれない。

　こうした回答結果から判断するに，監査事務所において，現行の監査報酬ないしは監査契約の問題が，当事者のみでは解決し得ない状況にまで達しており，日本公認会計士協会等を含む関係諸機関によって何らかの対策が講じられることを期待するところが大きいのではないか，と思われる。

　しかしながら，監査契約の公的管理や監査事務所の強制的交代制は，わが国の会計プロフェッション全体に関わる問題であり，同時に，日本の制度や実務の枠組みの下でのメリット，デメリットを含めて，十分な理解を得た上でなければ，単純に判断を下すことはできない課題であろう。議論の前提として，会計プロフェッションや社会全体において，この問題についての十分な理解の浸透を図る必要がある。監査報酬の低廉化問題への取組みを行うに当たっては，こうした監査契約全般の問題の枠組みの中で再検討していくことが肝要であると考える。

（町田祥弘・松本祥尚・林　隆敏）

第5章

監査報酬研究の状況

1 はじめに

　監査報酬を用いた研究は，アメリカにおいて監査報酬が開示され始めた2000年頃から急速に発展した。それ以前から，たとえばイギリスやオーストラリアといった国では監査報酬が開示されていたため，監査報酬を用いた研究が皆無であったわけではない。しかし，その本数は2000年代の比ではなく，数えるほどであった。本章では，このような背景を有する監査報酬研究について，海外と日本の状況を検討する。

　大別すると，監査報酬研究には少なくとも次の2つの流れがある。すなわち，(1)報酬が監査人の独立性に及ぼす影響の分析と(2)報酬の決定要因に関する分析である。前者に関する基礎的な仮説は次のように設定される。すなわち，報酬が多いほどクライアントと監査人の経済的つながりは強くなるため，それによって監査人の独立性が損なわれる，というものである。監査人に支払われる報酬が独立性を損なうか否かに関する議論は古くからあり，数十年にわたってさまざまな方法で分析されてきた。しかし，公表データの入手が困難であること，または客観的に測定可能な独立性の指標が確立されなかったことなどが原因となり，近年になるまで，この問題に関する学術研究が大きく進展することはなかった。その状況が，アメリカにおいて監査報酬が開示され始めたことで大きく変化した。報酬が開示され始めただけでなく，エンロン事件の勃発やSOX法の施行などが重なったことで，報酬が監査人の独立性に及ぼす影響に関する問題はより重要性を増したのである。また，その頃には監査の品質を定量的に把握するさまざまな指標が考案されていたことも，報酬と独立性に関する研究の進展を後押ししたといえる。

　報酬の決定要因に関する議論についても，Simunic [1980] を嚆矢として，2000年代以前から，さまざまな要因が分析されてきた。Simunic [1980] によ

れば，監査報酬（コスト）は監査資源の投入に関するコストと，監査人が負担する可能性のある将来の法的責任（legal liability）に関するコストで構成される。これら2つの構成要素に影響を及ぼす要因として，Simunic [1980] は被監査企業の規模，事業の複雑性，売上債権や棚卸資産の割合，業種などを特定した。これらの要因は，後の研究においても，考慮されるべき基礎的な項目として用いられており，分析対象となる期間や国に関係なく，重要な説明力を有する変数として理解されている。

このように，監査報酬を用いた研究には少なくとも2つの大きな流れが存在する。本章の目的は，監査報酬研究の状況を検討することにあるが，監査報酬と監査人の独立性の関係については，すでに髙田 [2012] において体系的なレビューが行われている。そこで，本章ではもう1つの流れである監査報酬の決定要因について検討することにしよう。

2 海外の研究状況

前述のとおり，監査報酬の決定要因に関する研究の素地は，Simunic [1980] によって築かれた。本節では，Simunic [1980] に基づき発展した報酬の決定要因に関する研究，中でもアーカイバル・データを用いた海外の実証研究をレビューする。とくに，(1)監査リスク，(2)法的責任，(3)監査事務所の業種特化，そして(4)コーポレート・ガバナンスが監査報酬に及ぼす影響について検討する。

(1) 監査リスク

リスクの高い企業ほど監査報酬が高いという関係は，先行研究において広く

受け入れられているものである。しかし，一口にリスクといっても，それが監査リスク・モデルを前提として議論されるリスクであるのか，後に法的責任を問われるようなリスクであるのか，といった部分では，各研究が何を検証しようとするのかによって異なる場合が多い。たとえば，監査リスク・モデルを前提とした場合，固有リスクと統制リスクの水準が監査人の投入する監査資源を左右することになる。いずれかのリスク水準が高いと判断された場合，発見リスクを抑えるために，監査人はより多くの監査資源を投入する必要がある。それによって，必然的に多くのコストがかかり，監査報酬は増加することになる。一方，法的責任などに関連するリスクは，後に責任を問われた場合に備えるため，追加的な監査報酬を要求することにつながる。これは，一種の保険のような属性を有しており，将来，監査人に何らかの責任が問われるような状況が想定されるクライアントに対しては，固有リスクや統制リスクの水準に関係なく，高額な監査報酬が要求されると考えられる。

　このようなリスクと報酬の関係を，監査コスト（報酬）のモデルとして体系化したのがSimunic［1980］である。Simunic［1980］によれば，監査コストは，(1)監査資源の投入に関するコスト（cq）と，(2)監査人が負担する可能性のある将来の法的責任に関するコスト（$E(d)E(\theta)$）で構成される。すなわち，監査報酬モデルは，$E(C) = cq + E(d)E(\theta)$ として表現可能である（Simunic［1980］p.165）。監査資源の投入量に関するコストは，監査に投入される資源（q）と当該資源の単位当たり原価（c）の積として表現される。一方，将来の法的責任に関するコストは，当期における監査に関連して，将来に起こり得る損失の現在価値（$E(d)$）と当期における監査に関連した損失について，監査人が負担すべき割合（$E(\theta)$）の積として表現される。

　たとえば，重要な虚偽表示のリスクが高い項目や状況においては，基本的に監査資源の投入量を増加させることで対応可能である。一方，法的責任に関するリスクが高い場合には，(1)と(2)の両方の構成要素に影響を及ぼす。監査人が負担する可能性のある将来の法的責任に関するコストは，監査資源の投入，つまり監査人の努力（effort）を増加させることによって低減することが可能な

ためである（$E(d)=f(cq)$）。したがって，法的責任に関するリスクが高い状況では，監査資源の投入量の増加と法的責任に関わるコストの和が最小となるように，監査資源の投入量が決まり，監査報酬も決定されることになる。

　先行研究では，上記に示したSimunic［1980］のモデルを念頭に，主として監査資源の投入に関するコスト，または監査人が負担する可能性のある将来の法的責任に関するコストに焦点を置き，監査報酬の決定要因が分析されている。本項では，まず企業の固有リスクや統制リスクに注目することで，監査資源の投入量へ及ぼす影響を通じた監査報酬の決定要因に関する先行研究を概観する[1]。そして，次項において法的責任が監査報酬へ及ぼす影響についての先行研究を検討する。

　監査人は，特定の状況から，企業の監査リスク（固有リスク）の高さを認識する場合があり得る。知覚された監査リスクの高さは，監査人が投入すべきと判断する監査資源の投入量を増加させ，結果として監査報酬の上昇をもたらす。たとえば，Gul et al.［2003］は，異常会計発生高[2]の属性が監査人のリスク評価と監査報酬に影響を及ぼすという仮説を設定した。異常会計発生高は，経営者の主観的な判断に基づく上に，検証可能性に乏しい。そのため，異常会計発生高の多い企業は，他の企業よりも監査の実施が困難である。また，異常会計発生高は経営者による機会主義的な行動に利用されやすいという特徴もある。このような属性を考慮した場合，監査人は異常会計発生高の多い企業の監査リスクをその他の企業よりも高いと評価するであろう。そのため，異常会計発生高の多い企業ほど，監査報酬は高くなることが期待される。Gul et al.［2003］は，オーストラリア企業を対象にこの仮説を検証した。そして彼らは，異常会計発

---

1) 監査リスク・モデルに基づけば，固有リスクと統制リスクに着目した場合，その総称は重要な虚偽表示のリスクと称するのがより適切かもしれない。しかし，本章では，先行研究における一般的な記述に従い，これを監査リスクと称していることに注意されたい。
2) 会計利益は，会計発生高（accruals）とキャッシュフローで構成され，会計発生高のうち，通常の事業活動から発生する部分を正常会計発生高（normal accruals），その水準を超えて発生する部分を異常会計発生高（abnormal accruals）とよぶ。詳しくは，須田［2000］及び首藤［2010］などを参照されたい。

生高が多い企業ほど，報酬が高くなることを明らかにしたのである。

また，Kealey et al. [2007] は，前任監査人の契約継続期間の長さが後任監査人によるリスク評価及び報酬の決定に及ぼす影響を分析した。もし監査契約継続期間が長いほど監査人の独立性が損なわれるならば，前任の監査人とより長い期間契約していたような企業は，当期新たに契約を交わす監査人にとって，監査リスクの高いクライアントと判断されるであろう。その場合，後任の監査人は，より高い報酬を要求することが予想される。Kealey et al. [2007] は，2001年にArthur Andersen（以下，AAとする）のクライアントであった企業が，2002年に監査人を交代せざるを得なかった状況に注目し，それらの企業を対象として上記の関係を分析した。そして，AAとの契約期間が長いクライアントほど，新任の監査人に支払われる報酬が高いことを発見したのである。この結果は，監査人が監査契約継続期間の長さをリスク要因として捉えており，それが長いほど，より多くの報酬を要求していることを意味している。

さらに，Feldmann et al. [2009] は，企業が修正再表示（restatement）を行った場合の監査報酬へ及ぼす影響を分析した。修正再表示は，財務報告における失敗（failure）であるから，修正再表示を行った企業の監査リスクは，他の企業よりも高いと評価される可能性がある。監査リスクが高いほど監査報酬は高くなることが予想されるため，修正再表示と監査報酬の関係について彼らが期待する関係は正である。Feldmann et al. [2009] は，修正再表示を行ったアメリカ企業を対象に分析し，この仮説を支持する証拠を得た。さらに彼らは，CFOの交代がこのような正の関係を緩和する効果があることも明らかにしたのである。修正再表示企業は，CFOを交代させることで自らの正当性を主張し，市場における信頼を取り戻すことができる。Feldmann et al. [2009] の結果は，修正再表示を行うことは監査リスクの高さを示すシグナルとなるが，その企業がCFOを交代させることで信頼が回復され，監査リスクも低下することを示唆している。

ここまでの議論では，リスクの中でも主として固有リスクに対する監査人の評価に焦点をおいてきた。アーカイバル・データを用いた分析では一般に，固

有リスクに比べ，統制リスクが監査報酬に及ぼす影響を分析することは困難な場合が多い。それは，企業内部の統制環境についての情報を客観的な指標によって捉えることが難しいためである。しかし，SOX法の施行後は，内部統制に何らかの問題のある企業を公表データから特定することが可能となった。さらに，当時の時代背景により，SOX法施行後はリスク・アプローチに基づく監査が徹底された時期であると考えられるため，それ以前には必ずしも明確ではなかった統制リスクと監査報酬の関係が，有意に観察される可能性もある。こういった前提のもと，2000年代以降，内部統制に何らかの問題があると報告した企業とそれ以外の企業について，監査報酬を比較する研究が複数公表された。

統制リスクが監査報酬に及ぼす影響に関する研究では，内部統制に何らかの問題があると報告した企業が，そうでない企業よりも監査報酬が高いか否かが分析されている。Raghunandan and Rama [2006] は，SOX法第404条に基づく開示を行った企業を分析対象とした。そして，内部統制の開示すべき重要な不備（material weakness）を報告した企業は，2004年の会計年度に関する監査報酬がその他の企業よりも有意に高いことを明らかにした。同様に，Hoitash et al. [2008] もSOX法第404条に基づく開示によって何らかの内部統制における問題を報告した企業は，その他の企業よりも監査報酬が高くなることを発見した。一方，Hogan and Wilkins [2008] は，SOX法第302条に基づく開示について同様の分析を行った。そして，内部統制に何らかの問題があることを公表した企業は，それ以外の企業よりも監査報酬が高くなることを発見したのである。これら3つの研究は一様に，内部統制に何らかの問題があると公表した企業は，他の企業よりも監査報酬が高くなることを報告している。

これらの結果を受けて，Hoag and Hollingsworth [2011] とMunsif et al. [2011] は，過去に（SOX法第404条に基づき）内部統制の問題を公表した企業を対象とし，後の期間でもその高水準の報酬が継続しているか否かを分析した。もし後の期間で内部統制に問題が無いという開示を行えば，それらの企業の監査報酬は，1度も問題を開示していない企業と同水準になると予想する

ことは合理的であろう。彼らの焦点は，実際にそのように報酬が決定されているか否かを検証することにある。この分析の背景には，次に挙げるような研究課題が関係している。すなわち，(1)監査報酬の水準は硬直的なものであるのかという問題や，(2) 1 度でも内部統制の問題を開示したようなリスクの高い企業には，その見返りとして高い報酬が要求されるものであるのか，という問題である。両研究とも，内部統制に何らかの問題があることを公表した企業の報酬プレミアムが少なくとも 4 年間継続することを明らかにした。つまり，たとえ後の期間で内部統制に問題がないことを開示したとしても，1 度公表した問題によって増加した監査報酬は，ある程度の水準のまま 4 年間継続するのである。彼らの結果は，内部統制の問題が開示されたことにかかわる報酬プレミアムが硬直的であることを示している。監査リスク・モデルに基づけば，内部統制における問題が開示された期間（あるいはその前後の期間）において監査報酬が増加することについては，合理的な説明が可能である。しかし，そのプレミアムが 4 年間も継続することについては，十分な説明ができない。たとえば，内部統制に問題があることを 1 度でも開示したような企業は，将来に何らかの問題が生じる可能性が高いため，その見返りとして，監査人は高額な報酬を継続的に要求するのかもしれない。

(2) 法的責任

　Simunic [1980] の報酬モデルによれば，将来に予想される法的責任コストが高い状況では，監査資源の投入量に関係なく，監査報酬は高くなることが予想される。ただし，先に示したように，将来の法的責任コストは，監査資源をより多く投入すること，つまり監査人の努力によって低下させることが可能である。いずれにしても，法的責任コストが高いような企業や市場において，監査人は監査資源の投入量を増加させることで，あるいは将来の法的責任コストに備えるために，より多くの監査報酬を要求すると考えられる。

監査人にとっての訴訟リスクは，企業（経営者）による特定の行動によって高められることがある。たとえば，Abbott et al. [2006] は，訴訟リスクの高い状況にある企業の利益調整行動に注目した[3]。利益調整には，利益増加型のものと利益減少型のものがあるが，監査人の訴訟リスクを高めるのは前者であると考えられる。また，成長企業は目標利益達成に対する市場からのプレッシャーが強く，目標利益が達成できなかった場合のペナルティー（株価の下落）も甚大である。もし，成長企業が目標利益を達成できずに大きな株価下落を経験すれば，それは将来の訴訟の引き金ともなり得る（Abbott et al., [2006]）。したがって，成長企業であるクライアントが利益増加型の利益調整を行った場合，監査人の訴訟リスクは最も高くなると考えられる。Abbott et al. [2006] は，アメリカ企業について，利益増加型の利益調整を行う企業ほど監査報酬は高く，さらに成長企業（株価利益倍率（＝株価/利益）の高い企業）であるほど，その傾向が顕著であることを明らかにした。さらに彼らは，利益減少型の利益調整を行う企業ほど，監査報酬は低くなることも発見した。これらの結果は，クライアントによる利益調整行動は，その方向性と訴訟リスクの程度が勘案され，監査報酬に影響を及ぼすことを示している。

　Seetharaman et al. [2002] は，訴訟リスクが高くなるような企業の状況を特定し，それと監査報酬の関係を分析している。具体的には，自国市場に加えて，アメリカ市場にも上場しているイギリス企業は，その他の企業よりも訴訟リスクが高いという前提に基づき，監査報酬に及ぼす影響が検証されている。一般に，アメリカは最も訴訟リスクの高い市場であると理解されている。そのため，イギリスとアメリカ両方の市場に上場している企業は，その他の企業よりも訴訟リスクが高くなると考えられる。そのような高い訴訟リスクに晒された監査人は，当該企業に対してより高い報酬を要求するであろう。Seetharaman et al. [2002] は，イギリスとアメリカ両方の市場に上場してい

---

3) Gul et al. [2003] でも同様に，経営者による利益調整が監査報酬へ及ぼす影響を分析しているが，彼らと Abbott et al. [2006] の違いは，(1)利益調整の方向を考慮している点及び(2)訴訟リスクが高い状況にある企業を追加的に識別している点にある。

る企業ほど，監査報酬は高くなるという実証結果を提示したのである。また，Choi et al. [2009] もSeetharaman et al. [2002] と同様に，2つ（以上）の市場に上場する企業の監査報酬は自国市場のみに上場する企業に比べて高いか否かを分析した。そして，アメリカ以外の14カ国のデータを用い，相互上場（cross-listing）企業の監査報酬は他の企業よりも高くなることを明らかにしたのである。また彼らは，そのような報酬プレミアムが，自国市場よりも訴訟リスクの高い市場に相互上場している場合にのみ観察されるものであることを発見した。Seetharaman et al. [2002] とChoi et al. [2009] の結果は，相互上場そのものというよりも，相互上場先の市場における訴訟リスクの程度が，監査報酬の決定に影響を及ぼすことを示している。

　他にも，訴訟リスクが高いような状況を特定し，そのような状況にある企業の監査報酬を分析した研究にVenkataraman et al. [2008] がある。彼らは，IPO企業に焦点を置き，上場前にこれらの企業に適用される1933年証券法が，上場後に適用される1934年証券取引所法よりも訴訟リスクが高いことに注目した。そして彼らは，アメリカのIPO企業を分析対象とし，IPO前の監査報酬がIPO後よりも高いことを明らかにしたのである。この結果は，訴訟リスクを高めるような状況が，監査報酬を増加させることを意味している。

(3) 監査事務所の業種特化

　本項では，業種特化が監査報酬に与える影響に関する先行研究をレビューする。業種特化とは，特定の監査事務所が特定の業種に属するクライアントを相対的に多く引き受けることを意味する。業種特化は，市場占有度や利益率を高める，あるいはそれらを維持することが可能となる以外にも，監査の品質を高めるという利点があるといわれている。たとえば，特別な契約や会計技術が必要となるような業種では，それらに精通し業種特化した監査人は，そうでない監査人よりも，高品質な監査を提供できると考えられる（Craswell et al.

[1995]）。ただし，監査人が業種特有の能力と専門性を身につけるためには，それに見合った投資が必要となる。そして，その対価として監査人は，クライアントに対して通常よりも高額な報酬を要求するかもしれない。あるいは，高品質の監査に対し，クライアントがより多くの報酬を支払うことも考えられるであろう。このような前提のもとでは，監査人が業種特化していれば，クライアントはより高額な報酬を支払うはずである。

その一方で，業種特化した監査人は，その業種に精通しているために，他の監査人よりも効率的に監査を実施できるという側面もある。それによって，監査の実施にかかるコストを抑えることが可能となり，クライアントが支払う監査報酬も低下するかもしれない。さらに，業種特化のための投資は，その業種のクライアントが多ければ多いほど，分散させることが可能である。そのため，同一業種内でより多くのクライアントを抱える監査人は，高額な監査報酬を要求しないかもしれない（Mayhew and Wilkins [2003]）。いずれの関係を前提としても，監査人の業種特化は報酬の増加にはつながらない。むしろ，クライアンとは，業種特化している監査人に対して，より少ない報酬を支払うと考えられるのである。

このように，業種特化が監査報酬に及ぼす影響については，正と負の両方が考えられる。場合によっては，両効果がともに発現することで相殺し合い，両方の効果が観察されないかもしれない。以下では，この問題を検証した先行研究をレビューすることで，その実際の効果について検討する。

Craswell et al. [1995] は，業種特化に関する体系的な実証研究を行った初期の研究の1つである。彼らは，オーストラリア企業を分析対象とし，業種特化が報酬に及ぼす影響を分析した。そして，大手監査事務所であり，かつ業種特化している場合，クライアントは最も多くの報酬を支払っていることが明らかとなった。そして，大手監査事務所であり業種特化していない監査人，大手以外の監査事務所の監査人という順で，クライアントが支払う報酬は少なくなることも解明されたのである。

その後，Craswell et al. [1995] による業種特化の研究は，DeFond et al.

[2000] による香港企業の分析へと発展した。香港では、大手監査事務所ではないKwan Wong Tan & Fong（以下、KWTFとする）が、特定の業種についてトップレベルの業種特化を果たしている。当該事務所による業種特化が報酬に及ぼす影響と、大手監査事務所による業種特化が報酬に及ぼす影響を対比することが、DeFond et al. [2000] の分析主眼である。そして彼らは、業種特化した大手監査事務所、業種特化していない大手監査事務所、業種特化していない大手以外の監査事務所、KWTFの順でクライアントが支払う監査報酬が低くなることを明らかにした。彼らの分析結果は、大手監査事務所というブランドが無ければ、業種特化による報酬プレミアムを獲得できないことを示している。

Craswell et al. [1995] と同じオーストラリア企業を分析対象としたFerguson and Stoke [2002] は、分析期間を1990, 1992, 1994及び1998年とすることで、Craswell et al. [1995] によって解明された業種特化の影響が、大手監査事務所の統合によって変化したか否かを分析した。すなわち、大手監査事務所がビッグ8といわれていた時代から、ビッグ6（5）といわれた時代へ変化したことで、業種特化が報酬へ及ぼす影響がどのように変化したのかを検証したのである。そして彼らは、業種特化した大手監査事務所についてCraswell et al. [1995] で観察された報酬プレミアムが、ビッグ6（5）の時代には観察されないことを発見した。そして彼らは、業種特化が報酬の決定要因となるか否かに関しては、注意深い議論が必要であると結論付けている。

その後、業種特化の報酬に及ぼす影響に関する分析は、Ferguson et al. [2003] によって、事務所全体レベルから地方事務所レベルの議論へと展開した。すなわち、業種特化の特定を、事務所全体、つまり国全体レベルではなく、地方事務所レベルで行うようになったのである。これは、業種特化することによって得られる専門性は、基本的にはパートナー、あるいは地方事務所に帰属するものであるという考え方に基づいている。この仮説は、地方事務所こそが、クライアントと直接関わりがあり、さまざまな実務上の意思決定に関して権限を持つという実際の実務とも整合的である。その反面、いずれの地方事務所でも同

じ高水準の監査サービスを提供した時にこそ，監査事務所全体として報酬プレミアムを獲得することができるという主張にも一定の説得力がある。監査事務所全体で標準的な監査プログラムを構築し，各地方事務所で獲得した専門的な能力・技術を事務所内で共有することで，事務所全体としての評判を構築することができるのである。監査事務所の戦略にも依存するかもしれないが，これらの議論は，業種特化の影響が必ずしも事務所全体レベルではなく，地方事務所レベルでも分析されるべきものであることを物語っている。

Ferguson et al. [2003] は，Ferguson and Stoke [2002] と同じデータ・セットを用いて分析を行った。まず彼らは，(1)事務所全体レベルで識別した場合に業種特化の上位2つに入るか否か及び(2)地方事務所レベルで識別した場合に業種特化のトップであるか否かの組み合わせで，サンプルとなる企業の監査人を4通りに識別した。そして，業種特化による報酬プレミアムが観察されるのは，事務所全体レベルで識別した場合に業種特化の上位2つに入り，かつ地方事務所レベルで識別した場合に業種特化のトップである監査人のクライアントのみであることを発見した。さらに彼らは，事務所全体レベルの業種特化の順位が，地方事務所の業種特化の順位に左右されていることに言及し，業種特化による報酬への効果は，主として地方事務所レベルの影響が強いことを明らかにしたのである。また，Francis et al. [2005] は，報酬データが入手可能となったアメリカ企業について同様の分析を行い，Ferguson et al. [2003] と整合する実証結果を得た。ただし，Francis et al. [2005] による結果は，事務所全体レベルでの識別が上位2つではなく，トップである場合にのみ報酬プレミアムが獲得できることを示すものであった。すなわち，事務所全体レベルで業種特化がトップであり，かつ地方事務所レベルでも業種特化がトップである場合にのみ，クライアントはより多くの報酬を支払うことを明らかにしたのである。一方，Basioudis and Francis [2007] はイギリス企業について同様の分析を展開し，次の証拠を得た。すなわち，地方事務所レベルで業種特化がトップである場合に，監査人は報酬プレミアムを獲得できるのである。分析結果に多少の違いはあるが，以上3つの分析結果はいずれも，業種特化が報酬に及ぼす影響

は，事務所全体レベルよりも，地方事務所レベルでの議論が重要であることを示唆している。

これまでに検討した研究は，基本的に業種特化が報酬の決定要因となり得るか否かのみに焦点が置かれていた。その一方で，業種特化の研究は，(1)監査事務所の差別化戦略としての属性に注目した分析及び(2)業種特化が顕著な業種とそうでない業種の違いに関する分析にも発展した。

Mayhew and Wilkins [2003] は，ある業種における市場占有度を高めることで，他の監査事務所から差別化を図るという視点で監査事務所による業種特化を捉えた。市場占有度の高い事務所は，他には真似できない規模の経済を創出することができたり，業種特有の知識や専門性を有しているためにより高品質の監査サービスを提供することができると考えられる。これらの要素が作用し，特定の業種において高い市場占有度を持つ監査事務所は，クライアントに対して高い交渉力を発揮することが可能となる。それは，クライアントにとって，同水準の監査サービスを提供する監査事務所を発見することが困難になるためである。これらの議論は，基本的にCraswell et al. [1995] らのものと重複している。重要な違いは，クライアントの交渉力を考慮するか否かである。たとえ業種特化によって報酬プレミアムを獲得できる余地があったとしても，クライアントに高い交渉力があれば，監査人が実際にそのプレミアムを得ることはできない。つまり，業種特化を差別化戦略として捉える研究は，交渉力の議論を導入したのである。

Mayhew and Wilkins [2003] は，分析に必要なデータが入手可能であること（分析期間は1991年から1997年）及び監査事務所間の競争が熾烈であることに注目して，アメリカのIPO企業を分析対象とした[4]。そして，業種特化の水準が高い監査人であるほど，クライアントはより低い報酬を支払っていることを明らかにした。しかし，その一方で，業種特化の水準がトップである監査人の場合には，クライアントが支払う報酬はより高くなることも判明したのである。

---

4) IPO企業については，監査証明業務に対する報酬ではなく，監査事務所に支払われる報酬（accounting fee）に関するデータが入手できるため，それが用いられている。

これらの結果は，次の2つの傾向を示唆している。すなわち，(1)業種特化によって生じた規模の経済によるコスト削減のベネフィットは，クライアントであるIPO企業が享受している。ただし，(2)業種特化の水準がトップであるような監査事務所は高い交渉力を持つため，報酬プレミアムを獲得できるのである。また，Huang et al. [2007] は，クライアントの規模の大小によって交渉力が異なる可能性に着目し，監査事務所の差別化戦略としての業種特化が報酬に及ぼす影響を分析した。クライアントの規模が大きいほど，監査事務所にとって当該クライアントの相対的な重要性の程度は高まる。この場合，報酬の決定において，監査人よりもクライアントの方が高い交渉力を持つ可能性がある。Huang et al. [2007] は，このようなクライアント側の交渉力の違いが，業種特化と報酬の関係に及ぼす影響を分析したのである。そして彼らは，(1)規模の小さなクライアントについて，業種特化と報酬は正の関係がある（報酬プレミアムが存在する）こと及び(2)規模の大きなクライアントについて，業種特化と報酬は負の関係がある（クライアントの交渉力が高い）ことを発見した。ここで検討した2つの研究は，業種特化が報酬に及ぼす影響を議論する上で，クライアントの交渉力を考慮することの重要性を示している。

また，Cahan et al. [2008] は，業種特化されている程度が，必ずしも業種間で均一ではないことに着目した。そして，企業あるいは業種ごとの投資機会集合（Investment Opportunity Set，以下，IOSとする）が業種特化の程度に影響を及ぼすという仮説を展開したのである。IOSとは，期待される投資機会とそれに関連する利得配分（payoff distribution）から成る。企業価値の構成要素である成長オプション（growth option）はIOSを高めるが，成長オプションは検証可能性が低く，経営者が裁量的に利用しやすいものである。そのため，成長オプション，あるいはIOSの水準が高い業種ほど，業種特化によるベネフィットは大きいと考えられる。当該業種における専門性に関する知識の獲得には，より多くの支出が必要となり，またそれによって他の監査事務所に対する参入障壁が高くなるからである（Cahan et al. [2008]）。したがって，IOSの高い業種ほど業種特化の程度は高くなることが予想される。また，これまで

の議論と同様，業種特化と報酬の関係については，基本的に正の関係が予想される。専門的知識の獲得に必要となったコストは，クライアントに要求する報酬に付加されると考えられるし，そのような専門知識の高さは，クライアントに対する交渉力の高さにもつながるからである。その結果，IOSが高い業種ほど監査報酬は高くなることが期待される。また，IOSは業種内で同質的（homogeneous）である場合とそうでない場合があり，IOSが同質的であるほど，業種特化によって得られる専門的知識は同業他社にも援用可能である。そのため，IOSの水準のみならず，その同質性も報酬へ影響を及ぼす可能性がある。ただし，IOSが同質的である業種は，監査人を通じた社内の機密情報（proprietary information）の漏洩をおそれて，同業他社とは異なる監査人を雇用しようと努めるかもしれない。この場合，他社とは異なる監査人を見つけなければならないことが，クライアントの交渉力を低下させることにつながると考えられる。つまり，IOSが同質的である業種では監査人の交渉力が高くなり，報酬も高く設定される可能性がある。このような理論展開のもと，Cahan et al. [2008] は，アメリカ企業を対象にIOSと報酬の関係を分析した。そして，IOSが高いほど，あるいはIOSの同質性が高いほど，報酬が高くなることを明らかにしたのである。Cahan et al. [2008] は，業種特化そのものというよりも，むしろ業種特化の決定要因であるIOSが報酬に及ぼす影響を分析しているという点で，他の先行研究とは一線を画している。

　以上，本項では業種特化が報酬に及ぼす影響に関する先行研究をレビューした。着目する事務所のレベルや，クライアントの交渉力との関係を考慮することによって結果はさまざまであるが，業種特化が監査市場で現実に存在し，それが報酬の決定要因になっているということは明らかである。

(4) コーポレート・ガバナンス

　コーポレート・ガバナンスが監査報酬に及ぼす影響については，先行研究において異なる2つの視点からの分析が報告されている。第1は，監査人の視点からコーポレート・ガバナンスの有効性を捉えるものであり，その有効性が高いほど，監査報酬は減少することが期待される。一方，第2の視点は，コーポレート・ガバナンスの機能を担う取締役等の視点からの議論であり，有効性が高いほど，監査報酬は増加することが予想される。コーポレート・ガバナンスが監査報酬に及ぼす影響という意味では，同じ視点からの議論であるにもかかわらず，これら2つの視点が議論する監査報酬へ及ぼす影響は，予想される結果が大きく異なる。以下では，それぞれの視点に基づく監査報酬への影響についての説明理論を提示し，先行研究で示された実証結果を概観する。

　まず，第1の視点では，監査人によるリスクの評価に焦点が置かれる。すなわち，コーポレート・ガバナンスの有効性が変化すれば，監査人による固有リスク，あるいは統制リスクの評価も変わることが想定される。より重要なのは，固有リスクや統制リスクの水準が変化することによって，監査リスクを一定水準に抑えるための監査資源の投入量に影響が及ぶという点である。ここで，企業外部（株主や債権者など）からの経営者に対するモニタリングという視点から，コーポレート・ガバナンスの機能を検討しよう。もし，ガバナンスが有効に機能していなければ，経営者は利害関係者の利益を犠牲にしてまでも，自己の利益を最大化することが予想される。財務報告はさまざまな契約などで利用されているため，そのような動機をもつ経営者は，会計数値を意図的に歪めることで，自分にとって有利な状況を生み出そうとするかもしれない。このような状況が予想される場合，監査人による固有リスク（あるいは統制リスクも）の評価は高まるであろう。また，企業内部における統制環境に注目した場合にも同様の議論が可能である。具体的には，取締役や監査委員会が有効に機能していないことが明らかであれば，監査人は当該企業の統制リスクを高く評価す

ると考えられる。要するに，コーポレート・ガバナンスの有効性が低下（上昇）すれば固有リスクまたは統制リスクが高まる（低下する）ため，監査資源の投入量が増加（減少）するのである。また，監査資源投入量の増加（減少）は，監査報酬の増加（減少）をもたらす。したがって，コーポレート・ガバナンスの有効性の低下は，監査報酬の増加につながるのである。

その一方で，第2の視点に基づけば，次のような異なる議論が可能である。すなわち，取締役らは，企業（経営者）の行動は当然のこと，財務報告についても，それをモニタリングするという重要な機能を有している。それと同時に，取締役には彼ら自身の利益を保持するために，高品質の監査を購入する動機がある。取締役らは，高品質の監査を購入することで，評判を構築し，法的責任を逃れ，そして株主の利益を促進することを通じて自身の利益を守ることができるからである（Carcello et al. [2002]）。監査人の選任や解任，報酬の決定といった意思決定に関わることで直接的に，あるいは厳格な態度で企業のモニタリングを行うことで間接的に，取締役は監査の品質に対して影響を及ぼすことが可能である。したがって，もし取締役が自己の利益を高い水準で保持しようと努めるならば，その取締役は高品質の監査を求めるであろう。つまり，取締役といったコーポレート・ガバナンスの担い手は，他との差別化を図るために，追加的な報酬を支払ってでも高品質の監査を購入することが予想されるのである。このような議論から，コーポレート・ガバナンスの有効性が高いほど，監査報酬は増加するという関係が導き出せる。

以上で検討したコーポレート・ガバナンスの有効性と監査報酬についての2通りの考え方は，複数の先行研究によって，それぞれを支持する証拠が提示されている。以下では，それぞれの視点で分析された先行研究を概観する。

まず，Gul and Tsui [1998] は，フリー・キャッシュフロー[5]（以下，FCFとする）と監査報酬の関係を分析した。Jensen [1986] によれば，低成長企業におけるFCFはエージェンシー問題を引き起こす。すなわち，低成長でありか

---

[5] Gul and Tsui [1998] p. 220) は，現在価値がプラスの投資に支払った上で，かつ配当によって社外に流出せずに手元に残った余剰のキャッシュフローをFCFと定義している。

つFCFの多い企業の経営者は，機会主義的な行動をとりやすく，企業価値を損なうような投資活動を行う可能性が高い。さらに，そのような経営者は，会計操作によって，最適でない投資（による損失）を覆い隠そうとするかもしれない（Gul and Tsui [1998]）。もし，監査人がこのような経営者の機会主義的行動を予見しているのであれば，低成長企業でありFCFの多い企業に対して，より多くの監査報酬を要求すると考えられる。しかし，このような機会主義的な行動は，負債のモニタリング機能によって抑制される可能性がある。債務契約のもとでは，支払い義務が生じるため，経営者は企業価値を損なうような投資を控えることが予想される。また，債務契約を締結することで，経営者に対して規律付けが行われるかもしれない。これらのような負債のモニタリング機能が働けば，低成長企業であり，かつFCFが多い企業であったとしても，経営者による機会主義的な行動は抑止されることが期待できる。監査人が負債によるモニタリング機能を知覚しているならば，低成長企業におけるFCFと監査報酬において期待される正の関係は，負債の存在によって緩和されるであろう。Gul and Tsui [1998] は，低成長企業におけるFCFがもたらすエージェンシー問題と，それに対する負債のモニタリング機能の効果を，監査報酬に及ぼす影響を分析することで検証したのである。そして彼らは，香港企業を分析対象とし，次のことを発見した。すなわち，低成長企業において，FCFと監査報酬は正の関係を有するが，この正の関係は負債が多いほど緩和されるのである。

　Gul and Tsui [2001] は，Gul and Tsui [1998] を発展させ，経営者の持ち株比率が，低成長企業におけるFCFと監査報酬の正の関係（及び負債のモニタリング効果）に及ぼす影響を分析した。経営者による持ち株比率が高いほど，その他の株主と利害が一致することになり，エージェンシー問題は軽減すると考えられる。Gul and Tsui [2001] は，このような効果がFCFと監査報酬の関係，そして負債のモニタリング効果に及ぼす影響を分析したのである。彼らは，オーストラリア企業を分析対象とし，次のような実証結果を得た。すなわち，(1)低成長企業について観察されるFCFと監査報酬の正の関係は，経営者の持ち株比率の高さによって緩和される。さらに，(2)このような関係が観察される

のは，低成長企業のうち，負債比率が低い企業のみであることを発見した。これらの結果は，経営者の持ち株比率の高さがFCFと報酬の関係に影響を及ぼすのは，負債のモニタリング効果が働かないような負債比率の低い企業についてのみであることを示している。また，Gul and Goodwin [2010] は，アメリカ企業を分析対象とし，短期債務及び信用格付けによるガバナンス効果と監査報酬の関係を分析した[6]。そして，短期債務（満期が3年以内の債務の割合）と信用格付けは，監査報酬と負の関係を有していることを明らかにしたのである。

　一方，Fan and Wong [2005] は，市場が十分に発達していない東アジア諸国（香港，マレーシア，シンガポール）を対象に，監査報酬が筆頭株主[7]（ultimate owner）によってもたらされるエージェンシー問題に対応する形で決定されているか否かを分析した。具体的には，より多くの議決権（voting right）を有する大株主によって企業の意思決定が掌握されているほど，当該企業における内部統制の有効性は疑われる[8]。一方，キャッシュフロー権（cash flow right）が高くなるほど，当該株主の利益は少数株主の利益に連動するため，自らがとった利己的な行動の帰結は，自分自身にも返ってくることになる。そのため，キャッシュフロー権の高さは，大株主の利己的な行動を抑止する効果を持つ可能性がある。このように，所有構造が企業内部の統制環境の有効性に影響を及ぼす可能性があるため，それに対応する形で監査人が監査報酬を要求

---

6) 短期債務は長期債務に比べて見直しの頻度が高いため，債権者からの高いモニタリング効果が期待できる。一方，信用格付けは，ファンダメンタルズの他にも経営体制やガバナンスの効果も考慮されている。すなわち，企業のガバナンス構造が有効であるほど，企業の信用格付けは高くなると考えられるのである。したがって，短期債務と信用格付けには，十分なガバナンス効果が期待される。

7) 彼らの研究におけるultimate ownerは，5％以上の議決権を有している株主として定義されており，その定義上は，ultimate ownerが2名（社・機関）以上存在する余地がある。しかし，彼らは2名以上がultimate ownerに該当する場合は，より多くの議決権を有している方をultimate ownerとして定義している。そのため，本章ではultimate ownerを筆頭株主と訳している。

8) 保身のための利己的な行動は，会計数値を歪める動機へとつながる可能性があるため，統制リスクの上昇だけでなく固有リスクの上昇も伴う可能性がある。

しているか否か，が彼らの検証仮説である。そして，Fan and Wong [2005] は，筆頭株主の議決権と監査報酬には正の関係が，キャッシュフロー権と監査報酬には負の関係があることを明らかにした。彼らと同様，Khalil et al. [2008] は，種類株式を発行するカナダ企業に焦点を置くことで，議決権とキャッシュフロー権の乖離と監査報酬の関係を分析した。そして，種類株式を発行することで議決権とキャッシュフロー権の乖離が生じているほど，監査報酬は高くなることを発見したのである。

以上の結果は，債権者や投資家といった企業外部者によるガバナンスの状況が，監査人による企業のリスク評価に影響を及ぼし，それによって報酬を左右することを明らかにしている。それでは次に，取締役といった，企業組織の内部におけるガバナンスの状況が監査報酬に及ぼす影響についての先行研究を概観しよう。

Tsui et al. [2001] は，香港企業における取締役の独立性と監査報酬の関係を分析した。取締役の独立性は，CEOと議長の兼任の有無によって代理されている。そして，取締役の独立性が高いほど，監査報酬は低くなるという結果を提示したのである。また，Mansli et al. [2010] は，内部統制プロセスを補助・促進（モニタリング）するための技術を導入した企業の監査報酬を分析した。彼らの分析期間は，SOX法施行の影響によって，市場全体として監査報酬が大幅に増加した時期を対象としている。そして彼らは，内部統制のモニタリング技術を導入した企業ほど，監査報酬の上昇幅が小さいという仮説を設定し，それを支持する実証結果を得た。以上2つの研究はいずれも，企業における内部統制の有効性が高いほど，監査報酬は低くなることを示している。

ここまで検討した研究はいずれも，監査人の視点からコーポレート・ガバナンスの有効性を捉え，その有効性が高い（低い）ほど，監査報酬が減少（増加）するか否かを検証している。そしていずれの研究も，ガバナンスの有効性と監査報酬には負の関係が存在することを示す結果を報告しているのである。

その反面，先にも述べたように，コーポレート・ガバナンスの有効性の高さが，監査報酬を高めるという考え方も存在する。たとえば，Abbott et al. [2003]

は，アメリカ企業を対象に，監査委員会の特性と監査報酬の関係を分析した。彼らが用いた監査委員会の特性は，独立性，会計または財務の専門性及びミーティングの頻度である。そして，監査委員会の独立性が高いほど，あるいは会計または財務の専門性が高いほど，監査報酬は増加するという関係を発見したのである。また，Zaman et al. [2011] は，イギリス企業を対象として，監査委員会の有効性に関する指標を作成し，監査報酬との関係を分析した。この指標を作成するために用いた監査委員会の特性は，独立性，財務の専門性，ミーティングの頻度及び委員会の規模である。そして，規模の大きなクライアントについて，当該指標と監査報酬には正の関係があることを明らかにした。

このように，コーポレート・ガバナンスの有効性と監査報酬の関係については，可能な説明理論が少なくとも2通り存在し，それぞれが予測する関係は大きく異なる。にもかかわらず，先行研究によって，各説明理論を支持する複数の実証結果が提示されているのである。このように，先行研究の結果が整合しない原因には，たとえば，ガバナンスの有効性を捉える側面が異なること，分析対象とする市場や期間が異なることなどが考えられるかもしれない。

3 日本の研究状況

諸外国に比べると，日本企業に関する監査報酬研究の数は決して多いとはいえない。しかし，海外の文献と同様，日本企業に関してもアーカイバル・データを用いた実証研究はいくつか報告されており，2つの大きな流れがあるという点は同じである。独立性に関する分析については髙田 [2012] におけるレビューがあるため，日本企業についても，本章では監査報酬の決定要因に関する分析に注目する。

日本企業に関しては，2004年3月期以降に提出される有価証券報告書にて，

監査報酬の内容が記載されるようになった。そのため，報酬の決定要因に関する分析は，それ以降に公表された研究に限定される。監査人・監査報酬問題研究会［2009］は，日本企業に関する監査報酬の決定要因を包括的に分析した研究として位置付けられる。先行研究で特定された要因を中心に，企業規模，安全性，収益性／成長性，監査関連等の項目ごとに，さまざまな定量的な指標を特定し，それらが報酬の決定に及ぼす影響を分析したのである。2009年3月期決算企業が分析対象とされ，ステップ・ワイズ法によって最終的に特定された報酬の決定要因は，次の8つであった。すなわち，(1)総資産の自然対数，(2)（棚卸資産＋売掛債権）／総資産，(3)連結子会社数（以上，企業規模関連の指標），(4)流動比率，(5)継続企業の前提に関する注記の有無（以上，安全性の指標），(6)純損失報告の有無（収益性の指標），(7)監査事務所の規模（監査関連の指標）及び(8)上場市場（その他の指標）である。これらの多くは，Simunic［1980］を嚆矢として分析が蓄積された監査報酬に関する決定要因のうち，各国で基礎的な要因として特定されたものと概ね一致している。

　個別要因が監査報酬に及ぼす影響を分析した研究には，矢澤［2007］，監査人・監査報酬問題研究会［2008］及び矢澤［2011］がある。まず，矢澤［2007］は，2004年3月期から2006年3月期までを分析期間とし，監査業務と非監査業務の同時提供によるスピルオーバー効果が監査報酬に及ぼす影響を検証している。監査業務と非監査業務の同時提供は独立性を損なう可能性があるという負の側面が注目されがちであるが，両業務を同時提供することによる便益も存在し得る。すなわち，一方の業務から得られる知識や経験が他方にも利用されることで，より低価格で高い品質の監査を提供できる可能性がある（スピルオーバー効果）。このスピルオーバー効果の帰結に関して重要なのは，より低価格で高品質の監査を提供できることで，監査に対する需要が増すという点である。矢澤［2007］は，監査業務と非監査業務を同時提供している場合，非監査報酬がより高い場合及び非監査業務の継続期間がより長い場合に，監査報酬が高くなることを明らかにした。つまり，監査業務と非監査業務の同時提供によるスピルオーバー効果が監査の追加的な需要を創出し，監査報酬に影響を及ぼすこと

を発見したのである。

　次に，監査人・監査報酬問題研究会［2008］は，経営者によるディスクロージャーに対する姿勢が監査報酬に及ぼす影響を分析した。ディスクロージャーに積極的な経営者は，資本市場における情報開示の影響力を知覚しているため，監査の有用性についても，より高く認識していると考えられる。そういった経営者は，追加的な監査時間を必要とする助言や勧告を監査人に期待すると考えられるため，必然的に，当該企業の監査報酬は高くなることが予想される。彼らは，2006年4月期から2007年3月期までの企業を分析対象として，上記のような関係が観察されるか否かを分析した[9]。分析結果によれば，単一変量の場合には本仮説を支持する結果が得られるものの，他の要因をコントロールした多変量の場合には，統計的に有意な結果とはならなかった。日本企業の経営者は，ディスクロージャーに積極的であるからといって，必ずしも，追加的な監査資源の投入を求めるほどに監査の有用性を認めているのではないのかもしれない。

　最後に，矢澤［2011］はコーポレート・ガバナンスの効果が監査報酬に及ぼす影響を分析している。矢澤［2011］の研究は，本章第2節第4項において検討したコーポレート・ガバナンスの効果について，監査人と取締役両方の視点から監査報酬へ及ぼす影響を検証していることに特徴がある。矢澤［2011］の分析期間は2004年から2008年であり，3月決算企業を対象として分析が行われている。そして，（取締役らによる）ガバナンスの有効性に関する指標として用いられた社外取締役比率及び社外監査役比率が監査報酬と正の関係を有することを明らかにした。また，（株主による）ガバナンスの有効性に関する指標として用いられた外国人投資家比率と監査報酬にも正の関係があることを発見した。これらの結果は，コーポレート・ガバナンスの有効性が高いほど監査報酬が高くなることを示す結果に他ならない。

　以上で概観したように，日本企業についても，監査報酬の決定要因について

---

9) ディスクロージャーに積極的な企業の識別には，日本証券アナリスト協会のディスクロージャー研究会が公表するディスクロージャー・ランキングが用いられている。

は複数の実証結果が報告されている。ただし，本章第 2 節で検討した諸外国の分析に比べると，証拠の蓄積の浅さを指摘せざるを得ない状況にある。日本では，国際的な監査の基準やその他の動向も踏まえた監査制度が策定されているが，日本と諸外国では歴史的背景も含め，監査制度や監査を取り巻く環境にはさまざまな違いが存在することは想像に難くない。日本企業の監査報酬を用いた実証研究を蓄積し，諸外国での発見事項との異同を解明することが，将来の研究課題といえるであろう。

参考文献

監査人・監査報酬問題研究会［2008］『2008年版　上場企業監査人・監査報酬白書』日本公認会計士出版局，Ⅰ監査報酬の実態分析　3．監査報酬データの実証分析，18-24頁（担当：松本祥尚）。

監査人・監査報酬問題研究会［2009］『2010年版　上場企業監査人・監査報酬白書』日本公認会計士出版局，Ⅰ監査報酬の実態分析　3．監査報酬データの実証分析，21-30頁（担当：町田祥弘）。

首藤昭信［2010］『日本企業の利益調整－理論と実証－』中央経済社。

須田一幸［2000］『財務会計の機能－理論と実証－』白桃書房。

髙田知実［2012］「報酬と独立性」，伊豫田隆俊・松本祥尚・浅野信博・林隆敏・町田祥弘・髙田知実『実証的監査理論の構築』同文舘出版，185-227頁。

矢澤憲一［2007］「監査報酬と非監査報酬の関連性」『会計プログレス』第 8 巻，93-105頁。

矢澤憲一［2011］「コーポレート・ガバナンス，監査報酬，利益管理の関連性」『会計プログレス』第12巻，28-44頁。

Abbott, Lawrence J., Susan Parker, and Gary F. Peters, 2006. "Earnings Management, Litigation Risk, and Asymmetric Audit Fee Responses," *Auditing: A Journal of Practice & Theory*, Vol. 25, No. 1 (May), pp. 85-98.

Abbott, Lawrence J., Susan Parker, Gary F. Peters, and K. Raghunandan, 2003. "The Association between Audit Committee Characteristics and Audit Fees," *Auditing: A Journal of Practice & Theory*, Vol. 22, No. 2 (September), pp. 17-32.

Basioudis, Ilias G. and Jere R. Francis, 2007. "Big 4 Audit Fee Premiums for National and Office-Level Industry Leadership in the United Kingdom," *Auditing: A Journal of Practice & Theory*, Vol. 26, No. 2 (November), pp. 143-166.

Cahan, Steven F., Jayne M. Godfrey, Jane Hamilton, and Debra C. Jeter, 2008. "Auditor Specialization, Auditor Dominance, and Audit Fees: The Role of Investment Opportunities," *The Accounting Review*, Vol. 83, No. 6 (November), pp. 1393-1423.

Carcello, Joseph V., Dana R. Hermanson, Terry L. Neal, and Richard A. Riley, Jr., 2002.

"Board Characteristics and Audit Fees," *Contemporary Accounting Research*, Vol. 19, No. 3 (Fall), pp. 365-384.

Choi, Jong-Hag, Jeong-Bon Kim, Xiaohong Liu, and Dan A. Simunic, 2009. "Cross-Listing Audit Fee Premiums: Theory and Evidence," *The Accounting Review*, Vol. 84, No. 5 (September), pp. 1429-1463.

Craswell, Allen T., Jere R. Francis, and Stephen L. Taylor, 1995. "Auditor Brand Name Reputations and Industry Specializations," *Journal of Accounting and Economics*, Vol. 20, No. 3 (December), pp. 297-322.

DeFond, Mark L., Jere R. Francis, and T. J. Wong, 2000. "Auditor Industry Specialization and Market Segmentation: Evidence from Hong Kong," *Auditing: A Journal of Practice & Theory*, Vol. 19, No. 1 (Spring), pp. 49-66.

Fan, Joseph P. H. and T. J. Wong, 2005. "Do External Auditors Perform a Corporate Governance Role in Emerging Markets? Evidence from East Asia," *Journal of Accounting Research*, Vol. 43, No. 1 (March), pp. 35-72.

Feldmann, Dorothy A., William J. Read, and Mohammad J. Abdolmohammadi, 2009. "Financial Restatements, Audit Fees, and the Moderating Effect of CEO Turnover," *Auditing: A Journal of Practice & Theory*, Vol. 28, No. 1 (May), pp. 205-223.

Ferguson, Andrew, Jere R. Francis, and Donald J. Stoke, 2003. "The Effects of Firm-Wide and Office-Level Industry Expertise on Audit Pricing," *The Accounting Review*, Vol. 78, No. 2 (April), pp. 429-448.

Ferguson, Andrew and Donald Stokes, 2002. "Brand Name Audit Pricing, Industry Specialization, and Leadership Premiums post-Big 8 and Big 6 Mergers," *Contemporary Accounting Research*, Vol. 19, No. 1 (Spring), pp. 77-110.

Francis, Jere R., Kenneth Reichelt, and Dechun Wang, 2005. "The Pricing of National and City-Specific Reputations for Industry Experties in the U.S. Audit Market," *The Accounting Review*, Vol. 80, No. 1 (January), pp. 113-136.

Gul, Ferdinand, A. and John Goodwin, 2010. "Short-Term Debt Maturity Structures, Credit Ratings, and the Pricing of Audit Services," *The Accounting Review*, Vol. 85, No. 3 (May), pp. 877-909.

Gul, Ferdinand A., Charles J. P. Chen, and Judy S. L. Tsui, 2003. "Discretionary Accounting Accruals, Managers' Incentives, and Audit Fees," *Contemporary Accounting Research*, Vol. 20, No. 3 (Fall), pp. 441-464.

Gul, Ferdinand A. and Judy S. L. Tsui, 1998. "A Test of the Free Cash Flow and Debt Monitoring Hypotheses: Evidence from Audit Pricing," *Journal of Accounting and Economics*, Vol. 24, No. 2 (December), pp. 219-237.

Gul, Ferdinand A. and Judy S. L. Tsui, 2001. "Free Cash Flow, Debt Monitoring, and Audit Pricing: Further Evidence on the Role of Director Equity Ownership,"

Auditing: A Journal of Practice & Theory, Vol. 20, No. 2 (September), pp. 71-84.

Hoag, Matthew and Carl W. Hollingsworth, 2011. "An Intertemporal Analysis of Audit Fees and Section 404 Material Weaknesses," *Auditing: A Journal of Practice & Theory*, Vol. 30, No. 2 (May), pp. 173-200.

Hogan, Chris E. and Michael S. Wilkins, 2008. "Evidence on the Audit Risk Model: Do Auditors Increase Audit Fees in the Presence of Internal Control Deficiencies?" *Contemporary Accounting Research*, Vol. 25, No. 1 (Spring), pp. 219-242.

Hoitash, Rani, Udi Hoitash, and Jean C. Bedard, 2008. "Internal Control Quality and Audit Pricing under the Sarbanes-Oxley Act," *Auditing: A Journal of Practice & Theory*, Vol. 27, No. 1 (May), pp. 105-126.

Huang, Hua-Wei, Li-Lin Liu, K. Raghunandan, and Dasaratha V. Rama, 2007. "Auditor Industry Specialization, Client Bargaining Power, and Audit Fees: Further Evidence," *Auditing: A Journal of Practice & Theory*, Vol. 26, No. 1 (May), pp. 147-158.

Jensen, Michael C., 1986. "Agency Costs of Free Cash Flow, Corporate Finance, and Takeovers," *American Economic Review*, Vol. 76, No. 2 (May), pp. 323-329.

Kealey, Burch T., Ho Young Lee, and Michael T. Stein, 2007. "The Association between Audit-Firm Tenure and Audit Fees Paid from Arthur Andersen," *Auditing: A Journal of Practice & Theory*, Vol. 26, No. 2 (November), pp. 95-116.

Khalil, Samer, Michel L. Magnan, and Jeffery R. Cohen, 2008. "Dual-Class Share and Audit Pricing: Evidence from the Canadian Markets," *Auditing: A Journal of Practice & Theory*, Vol. 27, No. 2 (November), pp. 199-216.

Masli, Adi, Gary F. Peters, Vernon J. Richardson, and Juan Manuel Sanchez, 2010. "Examining the Potential Benefits of Internal Control Monitoring Technology," *The Accounting Review*, Vol. 85, No. 3 (May), pp. 1001-1034.

Mayhew, Brian W. and Michael S. Wilkins, 2003. "Audit Firm Industry Specialization as a Differentiation Strategy: Evidence from Fees Charged to Firms Going Public," *Auditing: A Journal of Practice & Theory*, Vol. 22, No. 2 (September), pp. 33-52.

Munsif Vishal, K. Raghunandan, Dasaratha V. Rama, and Meghna Singhvi, 2011. "Audit Fees after Remediation of Internal Control Weaknesses," *Accounting Horizons*, Vol. 25, No. 1 (March), pp. 87-105.

Raghunandan, K. and Dasaratha V. Rama, 2006. "SOX Section 404 Material Weakness Disclosures and Audit Fees," *Auditing: A Journal of Practice & Theory*, Vol. 25, No. 1 (May), pp. 99-114.

Seetharaman, Ananth, Ferdinand A. Gul., and Stephen G. Lynn. "Litigation Risk and Audit Fees: Evidence from UK Firms Cross-Listed on US Markets," *Journal of Accounting and Economics*, Vol. 33, No. 1 (February), pp. 91-115.

Simunic, Dan A., 1980. "The Pricing of Audit Services: Theory and Evidence," *Journal *of Accounting Research,* Vol. 18, No. 1 (Spring), pp. 161-190.

Tsui, Judy S. L., Bikki Jaggi, and Ferdinand A. Gul, 2001. "CEO Domination, Growth Opportunities, and Their Impact on Audit Fees," *Journal of Accounting, Auditing, and Finance,* Vol. 16, No. 3 (July), pp. 189-208.

Venkataraman, Ramgopal, Joseph P. Weber, and Michael Willenborg, 2008. "Litigation Risk, Audit Quality, and Audit Fees: Evidence from Initial Public Offering," *The Accounting Review,* Vol. 83, No. 5 (September), pp. 1315-1345.

Zaman, Mahbub, Mohammed Hudaib, and Roszaini Haniffa, 2011. "Corporate Governance Quality, Audit Fees and Non-Audit Services Fees," *Journal of Business Finance and Accounting,* Vol. 38, Nos. 1-2 (January/March), pp. 165-197.

(髙田知実)

第6章

本研究会による監査報酬研究

第6章　本研究会による監査報酬研究

1 企業のディスクロージャー姿勢と監査報酬の関係

[要旨]

　監査報酬が1つの監査契約に対して投入される監査資源（人数と時間）の量に依存して決定されることは衆目の一致するところである。本節では，監査資源をクライアントの特性に応じて弾力的に投入できる資源的に余裕のある規模の大きい監査事務所と，そのような余裕のない，それ以外の中小規模の監査事務所を比較することによって，事実として大規模な監査法人の方が必要に応じて監査資源の投入を増やすことができ，その結果，監査報酬が相対的に高いことが明示される。

　また監査資源投入を増やす切っ掛けとなる，監査対象としてのクライアントの売上高や総資産額，子会社数といった要因が，監査報酬の多寡に有意な影響を持っていることが確認できる。

　さらに，クライアントの投資者に対するディスクロージャー姿勢が積極的であればあるほど，投資者に対する適正な財務諸表の公表が重要であることを自覚しているはずであり，自社の財務諸表の信頼性を保証する監査の重要性も認識していると想定され，このことから企業の積極的なディスクロージャー姿勢は相対的に高い監査報酬をもたらすと推測された。しかしながら，先行研究としての財務会計領域では積極的なディスクロージャー姿勢は，配当等の資本コストや支払利息等の負債コストを相対的に低くすることが明らかとされ，両者の関係が証明されているが，監査報酬に関してはディスクロージャー姿勢との間での有意な関係を検出することはできなかった。

(1) はじめに

すでに，監査報酬等の法定開示が行われてきたアメリカでは，それら報酬金額もStandard & Poor'sによるCOMPUSTAT®のデータとして公表され，数多くの研究者による実証研究に役立てられている[1]。実証研究では，ある特定の項目が，どのような条件によって説明できる可能性が高いか，を明らかにすることが指向される。このため，財務会計の分野では，企業と金融機関との間の融資契約に付随する財務制限条項，経営者の交代，企業規模等々の条件が，どのように利益数値や財務指標に影響を及ぼす可能性が高いか，について，数多くの研究業績が蓄積されてきた。

しかしながら，監査の分野では数値情報として公表されるものがなく，われわれは，監査（人）の品質や有効性を検討しようとする場合には，監査人の交代や監査報告書における特定の記載事項の有無といった非数値情報にしか頼ることができなかった。たとえば，特記事項の記載の有無から，大規模な監査人の方が，中小規模の監査人に比べると，クライアントからの独立性に対する報酬圧力が相対的に小さいため，その交渉力は大きくなり，結果として監査（人）の品質，ひいてはディスクロージャーの品質が高まる（日本監査研究学会［2002］)，といった実証の方法である。

もう1つの代表的な方法は，アンケート調査を用いるものであり，そこでは被験者から得られる回答（5段階評価やYes/No選択等）をもとに，監査の品質や有効性に影響を与える可能性の高い要因が抽出され，相互関係や影響の程度の分析が実施される（日本監査研究学会［2005］)。この方法の最大の問題点は，アンケート調査結果として回収した回答自体の信憑性にある。つまり如何

---

[1] 実証研究ができる環境では，当該研究の成果を，会計・監査制度の規制のあり方や経営者や監査人の行動の合理性を立証する手段として利用できる，という点からも，各種のデータの公表とそれに基づく実証研究の蓄積は非常に有用である。わが国で企業情報を網羅的にデータベース化しているものは，日本経済新聞社によるNEEDSが代表的である。

に5段階評価基準等を用いて被験者の主観を客観数値化できたとしても，それらの選択肢について被験者が共通かつ明確な判断基準を持っているとは限らないし，選定された被験者のうちの回答を寄せる率（回収率）に分析が依存せざるを得ない，という限界である。

このように，監査の領域で実証研究を実施するための環境が，必ずしも十分ではなかったわが国において[2]，監査報酬のデータ収録と公表は一定の研究成果の蓄積を期待させるものといえる。そこで本節では，2007年度監査報酬等データから検出できる監査の特徴を概括し，監査報酬に影響を与えそうな要因を追加的に導入して試験的な検討を加えることにする。その上で，今後の研究の方向と可能性について言及したい。

(2) 監査報酬データの持つ意味

① サンプルと変数の選択

本節では，検定に用いる監査報酬等のデータについて，**図表6-1**のような手順で，分析の対象とできるサンプルを3,114社抽出した。すなわち，すべてのサンプル3,940社からいずれかの変数においてデータの欠落する314社を除いた上で，さらに金融・証券・保険業に属する209社，2007年7月31日に解散した中央青山監査法人のクライアント72社，一時監査人によるもの177社，これら以外に大手3監査法人との共同監査によるもの28社，会計基準としてSEC基準を適用している企業26社を除いて分析対象サンプルとして3,114社を抽出した。

監査報酬に影響を与えると推測される変数として，監査人の規模，クライアントの売上高，総資産額，子会社数を選択する。監査人の規模は，1つの監査契約の遂行に投入できる資源の量（1日当たり投入可能な人数と時間数）を左

---

[2] もう1つの方法として，監査の分野で行われる方法が，一定のモデルケースを会計士に提供し，その意思決定プロセスを実験的に再現する実験研究による方法である。

図表6-1　サンプル抽出結果

分析対象サンプルの抽出		
2007年度監査報酬データ掲載企業数		3,940社
SEC基準適用企業	26	
金融業種に所属する企業	209	
中央青山監査法人クライアント	72	
一時監査人クライアント	177	
大手３法人との共同監査クライアント	28	
データ欠落企業	314	826
最終抽出サンプル数		3,114社
うち大手３監査法人クライアント		2,122社
大手３監査法人以外クライアント		992社

右する重要な項目であり，監査報酬を決定する変数と位置付けられる[3]。以下の分析では，監査人の規模は，大手３監査法人に属する（有限責任）あずさ監査法人，（有限責任）監査法人トーマツ，新日本（有限責任）監査法人を１，それ以外の監査人を０というダミー変数として扱っている。

　次にクライアントの売上高と総資産額については，売上高の大きい企業ほど販売取引数が多い企業と想定でき，それが故に監査人が監査手続を実施すべき証憑書類の数も相対的に多くなると予想される。同じように総資産額についても，債権債務額の大きさは監査人が検証すべき監査対象項目の数を増やし，結果として監査報酬の増額に結び付くことが期待される。これら２つの変数については，監査報酬とともに，分布の正規性を確保するため対数に変換して分析に用いることにした。さらに，子会社数については，監査人が往査すべき対象を増やすことから，投入されるべき監査資源の量の相対的多さを必要とし，監査報酬の増額が予想される。

　以上のように，監査報酬の決定に影響するものとして分析の対象に含める変数は，監査報酬，売上高，総資産額，子会社数という４つとし，それぞれの記述統計量と相関係数を示したものが**図表6-2**[4]である。

---
3) 監査報酬の決定因子についてモデル化し検討したものとして，松本［2001］を参照されたい。
4) 分析に当たり，分布の正規性を確保するため監査報酬，売上高，総資産額について対数変換している。

図表6-2 変数の記述統計量と相関係数

パネル2-A: 記述統計量

	log監査報酬	Big3(1/0)[†]	log売上高	log総資産額	子会社数
平　均	1.297	0.681	4.498	4.487	12.789
最　大	0	1	7.019	7.131	631
中央値	1.255	1	4.453	4.427	5
最　小	3.346	0	2.434	1.892	0
標準偏差	0.250	0.465	0.703	0.685	29.317

[†] 大手3監査法人（あずさ，トーマツ，新日本）を1，それ以外を0としている。

パネル2-B: 相関係数

	log監査報酬	Big3(1/0)	log売上高	log総資産額	子会社数
log監査報酬	1				
Big3	0.188	1			
log売上高	0.745	0.139	1		
log資産額	0.768	0.126	0.939	1	
子会社数	0.571	0.105	0.537	0.569	1

　図表6-2パネル2-Bをみるとわかるように，対数変換された監査報酬と，それに影響すると予想される監査人の規模，売上高の対数，総資産額の対数，ならびに子会社数のいずれの変数においても正の値を示している。これは，大手監査法人ほど高い監査報酬を獲得する傾向にあり，また売上高・総資産額・子会社数の多いクライアントほど，高い監査報酬を支払っているということを意味している[5]。

② 実証分析の結果

　まず監査報酬の決定に監査人の規模がどのような影響を及ぼすのか，を明らかにするため，大手3監査法人のクライアントとそれ以外の監査人のクライアントの2つに分類し，両グループの母平均に有意な差があるか否かを検討することにした。監査業務が労働集約型の業務であり，1つの業務に投入した監査

---

5) ただし，売上高と総資産額との間には高い相関があり，売上高と子会社数及び総資産額と子会社数の間にはかなり高い相関がある。

資源の量（人数と時間）が重要な要因となって，そのコスト（報酬）が決定される以上，変数の母平均には，以下のような差が検出できると期待される。

［仮説1］大手3監査法人に属する監査人の方が，それ以外の中小規模の監査人よりも，クライアントから受け取る監査報酬は相対的に大きい。

分析によって棄却すべき帰無仮説は，2つのグループに差はない，というものである。

大手3監査法人とそれ以外の監査法人の2つのグループに属するクライアント群が，それぞれ支払った監査報酬を比較したものが図表6-3である。

図表6-3 平均差の検定結果（Big3クライアント2,122社と非Big3クライアント992社）

	平均		標準偏差		t統計量
	Big3クライアント	非Big3クライアント	Big3クライアント	非Big3クライアント	
log監査報酬	1.330	1.228	0.823	0.213	11.503***

***は有意水準0.1％を意味する。

図表6-3からわかるように，［仮説1］が有意水準0.1％で統計的に支持された。したがって，他の条件が等しい限り，1つの監査契約に投入できる監査資源の量を多く抱えている大手監査法人の方が，中小規模の監査人よりも監査資源を多く投入し，結果的にクライアントから多くの監査報酬を受け取っている，ということが証明された。

(3) 監査報酬に影響する他の要因分析

(2)では，監査人の規模が監査報酬の金額にどのように影響する可能性があるか，について検討を加えたが，以下ではクライアントの特性としてディスクロージャーに対する姿勢を採り上げ，監査報酬との関係を分析する。

第6章　本研究会による監査報酬研究

① サンプル数と変数の選択

　日本証券アナリスト協会のディスクロージャー研究会が公表する「証券アナリストによるディスクロージャー優良企業選定」では，各産業に精通した証券アナリストからなる専門部会が，それぞれの業界の特性を考慮した「業種別ディスクロージャー評価基準」に基づいて，企業によるディスクロージャーのランク付けを行っている[6]。そこでの評価基準には，共通項目として，(1)経営陣のIR姿勢・IR部門の機能・IRの基本スタンス，(2)説明会・インタビュー・説明資料等における開示及び四半期開示，(3)フェアー・ディスクロージャー，(4)コーポレート・ガバナンスに関連する情報の開示，(5)各業種の状況に即した自主的な情報開示，という5つがあり，当該5分野に基づいてランキングが判定されている。**図表6-4**は，それらの業種別評価のうちの精密機器部門に属する企業のディスクロージャー・ランキングを抜粋したものである。

　2007年度は，評価対象企業数が175社となっており，本項での分析の対象は，

図表6-4　ディスクロージャー・ランキング（精密機器部門）

順位	評価対象企業	総合評価 (100点)
1	東京エレクトロン	82.7
2	キヤノン	78.0
3	ニコン	76.4
4	横河電機	71.2
5	セイコーエプソン	71.0
5	アドバンテスト	71.0
7	HOYA	70.0
8	リコー	67.4
	評価対象企業評価平均点	58.9

---

6) 2007年度については，13の専門部会（延べ369名）によるランキングが公表されている（日本証券アナリスト協会［2007］）。

SEC基準適用会社と銀行を除いた建設・住宅・不動産，食品，科学，医薬品，鉄鋼・非鉄金属，機械，電気・精密機器，自動車・同部品・タイヤ，電力・ガス，運輸・倉庫，通信，商社，小売業，コンピュータソフトの14部門からなる112社とする。

このディスクロージャー・ランキングを用いた財務会計における実証分析では，証券アナリストによって高評価を与えられた企業，すなわち経営者のディスクロージャーに対する姿勢や自主的な開示といった，ディスクロージャーに積極的な企業ほど資本コストが低いこと[7]，また同じく負債コストも低いこと[8]が明らかにされている。そこで，以下では，ディスクロージャーに対する企業の姿勢（DRank）が，監査報酬にどのような影響を及ぼし得るのか，について分析してみたい。図表6-2で検討した変数にDRankを加えたものが図表6-5である。

② 実証分析の結果

今日の金融商品取引法に基づく監査制度では，企業経営者と監査人との間に対立関係を想定するのではなく，協働して適正な財務諸表を公表することで投資者の意思決定に資することが意図されている。

資本市場における情報開示の影響力を知覚するディスクロージャーに積極的な経営者は，監査の有用性についても認識していると考えられる。つまり，監査が単に批判機能を果たすだけでなく，財務諸表の欠陥や会計上の困難な事項に対して有効に指導機能を発揮してくれることで，ヨリ品質の高いディスクロージャーを可能にする，と当該経営者は考えるであろう。その結果，追加的な監査時間を必要とする助言や勧告を監査人に期待する経営者ほど，高い監査報酬を支払うことに躊躇しないと推測される。

このような推測から，ディスクロージャー・ランキングの高い企業と低い

---

7) ディスクロージャーと資本コストの関係については，音川［2000］で検証されている。
8) ディスクロージャーと負債コストの関係については，須田他［2002］を参照されたい。

第6章 本研究会による監査報酬研究

企業との間で，以下のような差が検出されると期待できる。

［仮説2］ディスクロージャー・ランキングの高い企業ほど，監査人に支払う監査報酬の金額は大きくなる。

ここでも分析によって棄却すべき帰無仮説は，2つのグループに差はない，というものである。

ディスクロージャー・ランキング上位3社に属する企業と4位以下に属する企業が，それぞれ支払った監査報酬を比較したものが**図表6-6**である。

図表6-5 変数の記述統計量と相関係数

パネル5-A: 記述統計量

	log監査報酬	Big3[†]	DRank[‡]	log売上高	log総資産額	子会社数
平　均	1.767	0.794	0.241	5.836	5.856	71.866
最　大	3.346	1	1	7.019	7.131	631
中央値	1.698	1	0	5.768	5.782	43
最　小	1.146	0	0	4.595	4.833	0
標準偏差	0.341	0.405	0.429	0.474	0.532	94.787

[†] 大手3監査法人（あずさ，トーマツ，新日本）を1，それ以外を0としている。
[‡] DRankは，部門別ディスクロージャー・ランキングにおいて上位3位以内の企業を1，4位以下の企業を0としている。

パネル5-B: 相関係数

	log監査報酬	Big3	DRank	log売上高	log総資産額	子会社数
log監査報酬	1					
Big3	0.216	1				
Drank	0.191	0.234	1			
log売上高	0.641	0.086	0.181	1		
log総資産額	0.622	0.112	0.197	0.906	1	
子会社数	0.480	0.165	0.131	0.557	0.502	1

図表6-6 平均差の検定結果（ディスクロージャー・ランキング上位3位以内27社と4位以下85社）

	平均		標準偏差		t 統計量
	DRank 3位以内	4位以下	DRank 3位以内	4位以下	
log監査報酬	1.883	1.731	0.307	0.346	2.174*

*は有意水準5％を意味する。

図表6-6からわかるように，[仮説2]が5％の水準で統計的に支持された。故に，他の条件が等しい限り，ディスクロージャーに対して積極的な企業ほど，監査人に対して相対的に高い監査報酬を支払っていることが確認できた。

さらに，監査法人の規模とディスクロージャー・ランキングが監査報酬に与えている影響をヨリ強固に主張するためには，監査報酬との間の相関が高い売上高，総資産額，子会社数といった変数もコントロール変数として同時に考慮した分析が望ましい。この観点から，以下では**図表6-7**にあるような多変量回帰モデルにより変数間の関数的関係を推定した。

図表6-7　多変量解析の推定結果（サンプル数112社）

$AFEE = \alpha + \beta_1 BIG + \beta_2 DRANK + \beta_3 SALE(\text{or } SCALE \text{ or } SUBS) + \varepsilon$

	切片	BIG (+)	DRANK (+)	SALE (+)	SCALE (+)	SUBS (+)	adj. R^2
モデルA	−0.950 (−3.078)**	0.129 (2.063)*	0.034 (0.568)	0.447 (8.453)***			0.423
モデルB	−0.585 (−2.063)*	0.118 (1.834)	0.032 (0.519)		0.384 (7.918)***		0.394
モデルC	1.553 (24.487)***	0.099 (1.372)	0.083 (1.219)			0.002 (5.304)***	0.240

*は有意水準5％，**は1％，***は0.1％を意味する。

AFEE: 監査報酬の金額
BIG: 大手3監査法人の場合1，それ以外の場合0
DRANK: ディスクロージャー・ランキングの上位3位以内1，4位以下の場合0
SALE: 売上高の対数
SCALE: 総資産額の対数
SUBS: 子会社数

監査報酬が，どの変数の影響をどの程度受けるのか，を検証したいので，従属変数を監査報酬（$AFEE$）とし，独立変数を大手3監査法人か否か（BIG），ディスクロージャー・ランキング上位3社以内か否か（$DRANK$），売上高（$SALE$），総資産額（$SCALE$），子会社数（$SUBS$）の5つとした。しかし独立変数の5つのうち，売上高と総資産額，売上高と子会社数，ならびに総資産額と子会社数との間には高い相関が認められるので，それらの独立変数を入れ

替えて分析を試みた。その結果を纏めたものが**図表6-7**である。

この**図表6-7**では，平均差の検定の時と同様に，ディスクロージャー・ランキング（$DRANK$）の係数の符号は予想どおり（ディスクロージャー・ランキングが高いと監査報酬も高い）ではあるものの，そのt値が低く，解析の主たる目標であったディスクロージャー・ランキングの高い企業ほど監査報酬が高くなる，という期待は支持されなくなっている。

これに対して，監査人の規模（BIG）と監査報酬との関係については，モデルA（両側5％水準）とモデルB（片側5％水準）にみられるように，**(2)**と同様，監査人の規模が一定の条件のもとで監査報酬の金額と関連することを示している。さらに，いずれのモデルでも売上高，総資産額，子会社数といった変数の係数は，期待どおりの符号であり，t値もそれぞれ0.1％の水準で有意となっている。このことから，前項の分析でも想定したとおり，売上高，総資産額，子会社数の多い企業ほど，監査報酬の金額も高くなるという関連性を確認できる。

(4) おわりに

本節では，監査報酬等データを主たる分析対象とし，監査報酬の決定要因とされる監査資源の投入可能量が，どのような過程を経て監査報酬決定に反映されるのか，を検証した。具体的には，まず投入できる監査資源を数多く抱える大手監査法人ほど，1つの監査契約の遂行に実際に投入する資源は多いと予想できるため，一変量の解析（平均差の検定）を行うことで，実際にその関連性を確認した。

次に，日本証券アナリスト協会が公表するディスクロージャー・ランキングの高さは，企業及び経営者のディスクロージャーに対する姿勢を代理したものであり，高いランキングが監査人による積極的な助言・勧告を要請する経営者の姿勢をも反映すると期待し，当該ランキングと監査報酬との関連を一変量解

析(平均差の検定)によって確認した。しかし,追加的に行った3つのコントロール変数を加えた多変量解析では,監査報酬に対する他の変数の関係に統計的に有意な関係を確認できたものの,ディスクロージャー・ランキングについては確認できなかった。

　以上のように,本節の目的は監査報酬の決定に影響すると考えられる要因を検討することにあったが,紙幅と時間の制約から,先行研究の渉猟が不完全であり,統計的にも不十分な検証となっていることは否めない。また設定したモデル自体の問題として,同じ保証水準の提供が求められているはずの法定監査において,なぜ異なる監査報酬の支払いが顕著に表れるのか,が検証されていない点がある。つまり,財務諸表監査で要求される保証水準(1－監査リスク)は,社会が要請するレベルとして所与(一定)であり,当該水準を達成すべく監査手続の選択と適用を監査人は実施しているはずである。このため,本来,特定のクライアントに対して実施される監査手続は,監査人の規模にかかわりなく,監査基準に従い一定のはずであり,そこから生じる監査コスト,ひいては監査報酬が統計的に有意に異なる,という事態は,法定監査上は想定され得ない。

　したがって,本節の分析の中でも指摘したように,監査報酬の決定要因を分析するためには,監査の批判機能偏重の議論ではなく,指導機能の発揮によってもたらされる投入資源量の増加とディスクロージャー品質の向上といった視点や,監査人ごとの内的特徴の捕捉と分析が重要といえる。さらには,監査資源以外の要因によっても,監査報酬の決定プロセスを説明できるかもしれないが,それらの課題については別の機会に譲ることにしたい。

参考文献

音川和久 [2000]「IR活動の資本コスト低減効果」『會計』第158巻第4号,73-85頁。
日本監査研究学会 [2002]「第7章　特記事項と監査人のディスクロージャー選好」『監査問題と特記事項』中央経済社。
日本監査研究学会 [2005]『監査のコスト・パフォーマンス』同文舘出版。
日本証券アナリスト協会 [2007] ディスクロージャー研究部会『証券アナリストによる

ディスクロージャー優良企業選定(平成19年度)』。
須田一幸・乙政正太・松本祥尚・首藤昭信・太田浩司［2002］「ディスクロージャーの戦略と効果(4)」『會計』第162巻第4号，113-124頁。

（松本祥尚）

2 監査人の規模，資本市場及び設立後経過年数と監査報酬の関係

[要旨]

　本節では，監査人の規模（大手3監査法人，中堅4監査法人及びその他の監査人），資本市場（新興企業向け市場とその他の市場）及び設立後経過年数（設立後20年以内と20年超）という観点から，一変量の回帰分析（平均差の検定）を行い，わが国の監査報酬の特徴を確認している。

　まず，監査人の規模については，監査業務は労働集約型の業務であり，そのコストは，業務に投入した監査資源（人数と時間）が重要な要因となって決定されると想定すると，相対的に多くの監査資源の投入を必要とするクライアントは大規模監査法人に監査を依頼するため，監査法人の規模によって監査報酬に差が生じると考えられる。分析の結果，監査報酬には一定の固定費部分があり，売上高の少ない企業の監査報酬対売上高比率を押し上げているものの，監査人の規模は監査報酬金額に影響していないことが確認された。

　次に，上場市場に着目すると，監査報酬の金額は，新興企業向け市場（東証マザーズ，ジャスダック，大証ヘラクレス，名証セントレックス，札幌アンビシャス，福岡Q-Board）に上場している企業よりも，それ以外の市場に上場している企業の方が高い一方で，対売上高比率でみると，新興企業向け市場に上場している企業の方が，それ以外の市場に上場している企業よりも高い。しかし，分析の結果，どの市場に上場しているかは，監査報酬金額に影響していないことがわかった。

　最後に，被監査会社の内部統制が適切に整備・運用されていればいるほど，監査の結論を得るために投入しなければならない資源量は少なくなると想定し，企業の設立後経過年数を内部統制の整備・運用状況の代理変数として，監査報酬との関係を分析した。その結果，設立後経過年数が長い企業は，年数が短い企業に比べて監査報酬対売上高比率が低く，設立後経過年数は，監査報酬額に影響していることが示された。

（1）はじめに

　第1節では，監査法人の規模と監査報酬の関係（大手3監査法人の監査報酬は相対的に高い）と，ディスクロージャー・ランキングと監査報酬の関係（ディスクロージャーに積極的な企業ほど監査報酬は相対的に高い）が明らかにされた。本節は，監査人の規模（大手3監査法人，中堅4監査法人及びその他の監査人），資本市場（新興企業向け市場とその他の市場）及び設立後経過年数（設立後20年以内と20年超），という観点から，わが国の監査報酬の特徴を明らかにしたい。

（2）分析対象企業

　分析の対象となるサンプル企業数は3,553社である（**図表6-8**）。『白書』（2009年版）に収録されている上場企業は3,942社であり，監査報酬を開示している企業は3,940社であるが，金融業種に属する企業，SEC登録企業等，一時監査人を選任している企業，大手3監査法人（（有限責任）あずさ監査法人，新日本有限責任監査法人，（有限責任）監査法人トーマツ）とその他の監査法人との共同監査，中堅4監査法人（あらた監査法人，太陽ASG有限責任監査法人，

図表6-8　分析対象企業

監査報酬開示企業		3,940 社
金融業種に属する企業	210	
SEC登録企業等	42	
一時監査人を選任している企業	25	
大手3監査法人とその他の監査法人との共同監査	128	
中堅4監査法人とその他の監査法人との共同監査	10	387*
分析対象企業		3,553 社

*延べ企業数は415社であるが，重複を除いた実数は387社である。

東陽監査法人,三優監査法人）とその他の監査法人との共同監査を除いた結果,サンプル企業数は3,553社となった。そのうち,大手3監査法人のクライアントは2,645社（74.4％）,中堅4監査法人のクライアントは265社（7.5％）である。

監査報酬については,企業規模の影響を排除するために,監査報酬額ではなく,監査報酬の対売上高比率及び対総資産額比率を用いる。対売上高比率及び対総資産額比率の基本統計量を**図表6-9**に示している。

図表6-9　監査報酬の対売上高比率及び対総資産額比率

基本統計量	対売上高比率(％)	対総資産額比率(％)
標本数	3,553(社)	3,553(社)
平　均	0.164	0.154
最　大	9.732	6.803
中央値(メジアン)	0.069	0.076
最　小	0.0005	0.0010
標準偏差	0.00414	0.00279

(3) 監査人の規模

　監査業務は労働集約型の業務であり,そのコストは業務に投入した監査資源の量（人数と時間）が重要な要因となって決定されると想定すると,相対的に多くの監査資源の投入を必要とするクライアントは,大規模監査法人に監査を依頼する（大規模監査法人でなければ引き受けられない）ため,監査人の規模によって監査報酬に差が生じると考えられる。

　上述のとおり,『白書』（2008年版）では,監査人を大手3監査法人とそれ以外の監査人に区分し,監査人の規模（監査資源の量）が監査報酬に及ぼす影響を分析している。その結果は,大手3監査法人が受け取る監査報酬は,それ以外の監査人が受け取る監査報酬よりも相対的に高いというものであった。この検定に当たっては,監査報酬金額を対数変換した値が用いられている。

　本節の分析では,監査人を大手3監査法人,中堅4監査法人及びその他の監

査事務所に区分している。これは，ここ数年の監査法人の再編とそれに伴う監査人の交代により，監査契約市場におけるシェアは，まだそれほど大きくはないものの，中堅監査法人の存在感は従来よりも高まっており，今後ますます高まるであろうという観察に基づくものである。

監査報酬額の平均値は，大手3監査法人29.2百万円，中堅4監査法人27.0百万円，その他の監査事務所20.4百万円である。**図表6-10**は，監査人別の対売上高比率と対総資産額比率の基本統計量を示している。監査報酬の金額ベースでは大手3監査法人の方が高いが，対売上高比率をみると，中堅監査法人は僅かに低く，その他の監査事務所はかなり高いことがわかる。

図表6-10 監査人の規模別の対売上高比率と対総資産額比率

基本統計量	対売上高比率(%)			対総資産額比率(%)		
	大手3法人	中堅4法人	その他	大手3法人	中堅4法人	その他
標本数(社)	2,645	265	643	2,645	265	643
平　均	0.146	0.143	0.249	0.144	0.153	0.194
最　大	7.431	1.928	9.732	6.803	1.092	6.520
中央値(メジアン)	0.064	0.077	0.092	0.071	0.085	0.096
最　小	0.001	0.000	0.001	0.001	0.001	0.002
標準偏差	0.348	0.224	0.648	0.259	0.187	0.369

そこで，次の仮説を検定しよう。

［仮説1］大手3監査法人，中堅4監査法人及びその他の監査事務所の間には，それぞれのクライアントが支払う監査報酬対売上高比率（対総資産額比率）に差はない。

分散分析の結果，［仮説1］は，対売上高比率（F値16.340＞F境界値6.921），対総資産額比率（F値8.314＞F境界値6.921）ともに有意水準0.1％で棄却された。監査人の規模が小さいほど，監査報酬の対売上高比率及び対総資産額比率は高いことが確認できた。金額ベースでは大手3監査法人のクライアントが支払う

監査報酬が最も多いが，比率ベースではその他の監査事務所のクライアントの比率が最も高い。

ただし，大手3監査法人，中堅4監査法人，その他の監査事務所では，監査を担当しているクライアントの売上高規模そのものに有意水準0.1%で差が認められる（F値8.613＞F境界値6.921）。『白書』及び本書での分析で確認されているように，監査報酬額には企業規模にかかわらず一定の下限がある（一定の固定費部分がある）とともに，監査報酬額は企業規模に比例して増加するものの，規模に伴う増加割合は逓減する傾向がみられる。したがって，対売上高比率を用いるだけでは，企業規模の影響を十分には排除できない可能性がある。そこで，売上高を「100億円未満」，「100億円以上300億円未満」，「300億円以上1,000億円未満」，「1,000億円以上3,000億円未満」及び「3,000億円以上」の5つに区分して［仮説1］（対売上高比率）を検定したところ，仮説は棄却された。監査人の規模による有意な差が認められたのは売上高100億円以下の区分についてのみであった。**図表6-11**を参照されたい。

売上高規模でクライアントを区分せず全体としてみた場合には，クライアン

図表6-11　監査人規模／売上高規模と監査報酬（対売上高比率）

売上高 (単位：10億円)	〜10	〜30	〜100	〜300	300超
標本数(社)	555 61 213	717 79 191	703 68 145	388 37 62	282 20 32
平　均(%)	0.470 0.406 0.615	0.111 0.106 0.107	0.049 0.055 0.049	0.023 0.022 0.019	0.010 0.012 0.007
分　散	4.36E-05 1.23E-05 1.06E-04	2.16E-07 1.39E-07 3.46E-07	4.05E-08 6.83E-08 9.22E-08	1.49E-08 1.03E-08 5.96E-09	5.94E-09 4.21E-08 1.15E-09
F 値	3.34***	1.0060	2.4941	2.5702	2.4177
F 境界値	3.0066	3.0049	3.0056	3.0144	3.0230

注1）標本数，平均及び分散は，上段が大手3監査法人，中段が中堅4監査法人，下段がその他の監査事務所の数値である。
注2）***は有意水準0.1%を意味する。

トが支払う監査報酬の対売上高比率はその他の監査事務所が最も高かったが，**図表6-11**のように売上高規模で区分した場合には，売上高100億円以下の区分についてのみ同様の傾向が確認され，100億円超300億円以下の区分を境界として，300億円超の区分では逆に，その他の監査事務所の比率の方が，大手3監査法人と中堅4監査法人に比べて低い傾向が確認できる。また，売上高300億円以下の企業，とくに100億円以下の企業の対売上高比率は，売上高300億円超の企業のそれに比べてかなり高いことを考え合わせると，監査報酬に一定の固定費部分があり，売上高100億円以下の企業に，その影響が顕著に表れていると理解できる。逆にみれば，売上高100億円超の企業については固定費部分の影響が相対的に小さいと考えられるにもかかわらず，その区分において監査人の規模による有意差がみられないということは，監査人の規模は監査報酬金額に影響していないと解釈することができる。

なお，監査人を大手3監査法人と非大手監査事務所の2つに分けて同様の検定を行ってみたが，仮説が棄却されたのは，売上高1,000億円超3,000億円以下の区分だけであった（有意水準5％）。

(4) 資本市場

監査報酬を金額ベースでみると，新興企業向け市場（東証マザーズ，ジャスダック，大証ヘラクレス，名証セントレックス，札幌アンビシャス，福岡Q-Board）に上場している企業よりも，それ以外の市場に上場している企業の方が高い一方で，対売上高比率でみると，新興企業向け市場に上場している企業の方が，それ以外の市場に上場している企業よりも高いことが示されている。そこで，次の仮説を検定しよう。**図表6-12**を参照されたい。

[仮説2] 新興企業向け市場とそれ以外の市場との間には，それぞれに上場している企業が支払う監査報酬対売上高比率（対総資産額比率）に差はない。

図表6-12　上場市場と監査報酬（対売上高比率）

基本統計量	新興企業向け市場	それ以外の市場
平　均(%)	0.323	0.074
分　散	3.91E-05	2.43E-06
標本数(社)	1,288	2,265
自由度	1,379	
t 値	14.034***	

注）***は有意水準0.1％を意味する。

　図表6-12に示されているとおり，［仮説2］は有意水準0.1％で棄却された。また，対総資産額比率についても有意水準0.1％で同様の結果が得られた（t値19.338＞t境界値 片側3.096）。したがって，対売上高比率及び対総資産額比率でみると，新興企業向け市場に上場している企業が支払っている監査報酬は，その他の市場に上場している企業よりも相対的に高いことが確認できた。

　ただし，上場している企業の売上高規模そのものについて，新興企業向け市場（20,881百万円）とそれ以外の市場（217,988百万円）には有意水準0.1％で差が認められる（t値15.633＞t境界値 片側3.0938）。ここでも，監査人の規模別分析と同様の考え方で，企業の売上高規模と組み合わせて［仮説2］を検定してみよう。図表6-13を参照されたい。

　売上高規模で企業を区分せず市場全体としてみた場合には，新興企業向け市場に上場している企業の方が対売上高比率は高かったが，図表6-13のように売上高規模で区分した場合には，売上高300億円以下の2区分についてのみ同様の傾向が確認された。ここでも，売上高300億円以下の企業，とくに100億円以下の企業の対売上高比率は，売上高300億円超の企業のそれに比べてかなり高いことを考え合わせると，監査報酬に一定の固定費部分があり，売上高100億円以下の企業にその影響が顕著に表れていると理解できる。逆にみれば，売上高100億円超の企業については，固定費部分の影響が相対的に小さいと考えられるにもかかわらず，その区分において上場市場による有意差がみられないと

いうことは，上場市場は監査報酬金額に影響していないと解釈することができる。

図表6-13　上場市場／売上高規模と監査報酬（対売上高比率）

売上高 (単位：10億円)	～10	～30	～100	～300	300超
標本数(社)	655 210	404 539	197 728	26 460	6 328
平　均(%)	0.550 0.297	0.111 0.105	0.051 0.049	0.023 0.022	0.028 0.010
分　散	6.61E-05 1.89E-05	2.45E-07 2.02E-07	8.41E-08 4.36E-08	1.27E-08 1.23E-08	1.16E-07 5.39E-09
t 値	5.79***	1.88*	0.6157	0.3156	1.3213
t 境界値	3.1024	1.6467	1.6509	1.7011	2.0150

注1）標本数，平均及び分散は，上段が新興企業向け市場，下段がそれ以外の市場の数値である。
注2）*は有意水準5％，***は有意水準0.1％を意味する。

(5) 設立後経過年数

　一般的には，被監査会社の内部統制が適切に整備・運用されていればいるほど，監査の結論を得るために投入しなければならない資源量は少なくなると想定できる（もちろん一定の限界はある）。そこで，企業の設立後経過年数を内部統制の整備・運用状況の代理変数として，つまり，設立後経過年数が長ければ長いほど内部統制はより適切に整備・運用されていると考えて，監査報酬との関係を分析しよう。ここでは，企業を設立後経過年数20年以下と20年超に区分する[9]。

　図表6-14は，設立後経過年数別の対売上高比率と対総資産額比率の基本統計量を示している。監査報酬額の平均値は，設立後経過年数20年以下の企業26.9百万円，設立後経過年数20年超の企業27.5百万円である。監査報酬の金額ベー

---

[9] 企業の設立年数に関するデータは『会社四季報CD-ROM』2008年2集・春号，2008年3月，東洋経済新報社より入手した。

スでは設立後20年超の企業の方が高いが、対売上高比率と対総資産額比率では、設立後20年以下の方がかなり高いことがわかる。

図表6-14　設立後経過年数別の対売上高比率と対総資産額比率

基本統計量	対売上高比率(%)		対総資産額比率(%)	
	20年以下	20年超	20年以下	20年超
標本数(社)	666	2,887	666	2,887
平　均	0.433	0.102	0.368	0.104
最　大	9.732	5.812	6.803	6.520
中央値(メジアン)	0.178	0.060	0.214	0.065
最　小	0.001	0.0005	0.001	0.001
標準偏差	0.831	0.176	0.484	0.169

そこで、次の仮説を検定しよう。なお、検定に当たっては、いずれの比率についても、分布の偏りを修正し、回帰分析を可能にするために、対数変換をしている。**図表6-15**を参照されたい。

[仮説3]　設立後経過年数20年以下の企業と20年超の企業が支払う監査報酬対売上高比率（対総資産額比率）に差はない。

図表6-15　設立後経過年数と監査報酬（log対売上高比率）

基本統計量	設立後20年以下	設立後20年超
平　均	-2.771	-3.255
分　散	0.388	0.247
標本数(社)	666	2,887
自由度	870	
t 値	18.716***	

注1）比率は1未満の数値であるため、対数変換によってマイナス数値に変換されている。
注2）***は有意水準0.1％を意味する。

図表6-15に示されているとおり、[仮説3]は有意水準0.1％で棄却された。また、対総資産額比率についても有意水準0.1％で同様の結果が得られた（t値

20.418＞t境界値 片側3.01）。したがって，対売上高比率及び対総資産額比率でみると，設立後経過年数20年以下の企業が支払っている監査報酬は，20年超の企業よりも相対的に高いことが確認できた。

なお，売上高規模そのものについて，設立後経過年数20年以下の企業（94,992百万円）と20年超の企業（158,425百万円）では有意水準0.1％で差が認められる（t値3.338＞t境界値 片側3.098）。そこで，設立後経過年数が短ければ企業規模も相対的に小さいという問題の影響を排除するために，ここでも，売上高規模と組み合わせて［仮説3］を検定してみよう。図表6-16を参照されたい。

図表6-16　設立後経過年数／売上高規模と監査報酬（log対売上高比率）

売上高 （単位：10億円）	～10	～30	～100	～300	300超
標本数(社)	515	810	823	443	296
	350	133	102	43	38
平　均	-2.60	-3.01	-3.35	-3.71	-4.12
	-2.32	-2.95	-3.28	-3.62	-4.00
分　散	0.0563	0.0263	0.0324	0.0341	0.0882
	0.1394	0.0407	0.0515	0.0480	0.1501
t 値	12.40***	3.26***	3.16**	2.54**	1.86*
t 境界値	3.1054	3.1416	2.3586	2.4066	1.6811

注1）標本数，平均及び分散は，上段が設立後経過年数20年超，下段が設立後経過年数20年以下の数値である。
注2）*は有意水準5％，**は1％，***は0.1％を意味する。

図表6-16に示されているように，設立後経過年数については，すべての売上高区分において有意差が確認され，設立後経過年数が20年以下の企業の方が，監査報酬対売上高比率が高いことが検証された。監査人の規模及び上場市場に関する分析結果を踏まえると，監査報酬の固定費部分の影響が相対的に小さいと考えられる売上高300億円超の3区分において有意差がみられるということは，規模以外の要因，ここでは設立後経過年数が監査報酬額に影響していると解釈することができる。つまり，設立後経過年数が長い企業は年数が短い企業に比べて監査報酬対売上高比率が低く，その理由として，設立後経過年数が長い企

業ほど内部統制の整備・運用状況が良好であることが考えられる。

(6) おわりに

　本節では，監査人の規模，資本市場及び設立後経過年数という観点から，一変量の回帰分析（平均差の検定）を行い，わが国の監査報酬の特徴を確認した。

　分析に当たっては，監査報酬対売上高比率と対総資産額比率を用いるとともに，標本を売上高規模で区分することによって，企業規模（売上高）が監査報酬に及ぼす影響をできる限り排除した。その結果，監査報酬には一定の固定費部分があり，売上高の少ない企業の監査報酬対売上高比率を押し上げていることが確認されるとともに，監査法人の規模と上場市場は監査報酬に影響せず，設立後経過年数のみが監査報酬に影響していると考えられることが明らかとなった。

　本節の目的は，前節に引き続き，監査報酬の決定に影響すると考えられる要因を分析的に検討することであったが，業種や所在地など，積み残した要因もある。また，企業規模が及ぼす影響についても慎重な検討が必要であろう。また，先行研究を踏まえ，それらと比較可能な，あるいはそれらを発展させた多変量による分析も残された課題である。

（林　隆敏）

3 わが国における標準監査報酬モデルの検討

[要旨]

　本節では、海外での監査報酬データを利用した実証的研究において広く利用されている「標準監査報酬モデル」を、日本の企業環境をもとに構築することを目的としている。監査報酬は、企業の規模、所有している連結子会社や事業拠点の数、または業種・業容等によって変わってくるものであるため、単純に金額の多寡だけをもって監査報酬の多い企業と少ない企業とを識別することはできないため、企業の売上高や連結子会社数等を決定因子とする標準監査報酬モデル式に基づいて、各企業の標準的監査報酬（当該企業の置かれた状況から見積もった有り得べき監査報酬額）を算定し、その算定されたモデル監査報酬額との乖離の程度をもって、監査報酬の多寡を論じるのである。

　本研究では、先行研究において用いられている独立変数をもとに、帰納的に検討を重ね、暫定的なモデル式を提示した。それによれば、日本の標準監査報酬の決定因子の組み合わせは、「総資産、棚卸資産及び売掛債権の合計、流動比率、継続企業の前提に係る注記の有無、当期に純損失の計上の有無、連結子会社数、上場市場の種類、監査法人の規模」というセットであった。本モデル式は、今後、企業環境の変化や監査人の対応の変化に応じて、あるいは、研究上の分析目的の違いに応じて、修正を加えることとなるかもしれないが、今後の監査報酬研究の一定の基礎を提示するものとなるであろう。

　さらに、当該モデルを利用しての研究の一例として、監査人の交代に対する影響を検討する分析を行ってみた。そこでは、交代前後の監査人を、①4大監査法人から4大監査法人以外への交代、②4大監査法人以外から4大監査法人への交代、③4大監査法人から4大監査法人への交代及び④4大監査法人以外から4大監査法人以外への交代に分けて検討している。分析結果によれば、異常監査報酬や監査報酬の増額が監査人の交代に影響を及ぼすということは必ずしもいえないという結果が示されたのである。

(1) はじめに

　海外では，監査報酬データを利用した実証的研究が数多く見受けられる。それらの研究においては，監査報酬が相対的に多い場合，あるいは，監査報酬が相対的に少ない場合において，監査人の独立性等にいかなる影響を及ぼしているかが検討課題となっている。その際に，監査報酬が多い，少ないというのは，どのようにして判断されるのであろうか。いうまでもなく，監査報酬は，企業の規模，所有している連結子会社や事業拠点の数，または業種・業容等によって変わってくるものであるため，単純に金額の多寡だけをもって監査報酬の多い企業と少ない企業とを識別することはできないのである。その際に用いられるのが，「標準監査報酬モデル」である。企業の売上高や連結子会社数等を決定因子とするモデル式に基づいて，当該企業であれば標準的な監査報酬はこの程度の金額であるということを算定し，その算定されたモデル監査報酬額との乖離の程度をもって，監査報酬の多寡を論じるのである。

　海外では，すでに数多くの研究上の蓄積によって，標準監査報酬モデルが形作られてきている。しかしながら，標準監査報酬モデルは，あくまでもその国（アメリカであればアメリカ）の監査報酬の決定状況に基づいて帰納的に求められてきたものであることから，日本での監査報酬を検討する場合には，当然に，日本の企業環境等を基礎として，日本の監査報酬の決定に影響を及ぼす標準監査報酬モデルを導出していく必要があると考えられる。その上で，そうした標準監査報酬モデルに基づいて，海外で実施された監査報酬を利用しての実証研究を日本の状況に適用してみる，いわゆる追試型の研究を行うことが可能となるものと思われるのである。

　そこで本節では，監査報酬の決定要因となる各要素を独立変数として，監査報酬のモデル式を構築することを試みることとしたい。さらに，検討の結果得られた標準監査報酬モデルをもとに，分析の一例として，監査人の交代問題を取り上げ，監査報酬との関連性を検討することとしたい。

(2) 標準監査報酬モデルの検討

　監査報酬がいかなる要因によって決定されているかについての研究は，Simunic［1980］を嚆矢としている。それ以降，数多くの研究において，監査報酬の決定因子を直接のテーマとして，あるいは他の研究テーマを実証するための前提として，標準監査報酬モデル式が構築・検討されてきている。ここに，標準監査報酬モデル式とは，監査報酬の決定因子を独立変数とし，監査報酬を従属変数とする重回帰式のことであり，それによって計算された監査報酬を「標準監査報酬」として，実際の監査報酬額との差異を誤差項として認識するものである。

　先行研究における標準監査報酬モデル独立変数の数は，少ないものでも10程度，多いものになると40近くに及ぶものさえ見受けられる。しかしながら，過去の研究の積み重ねによって，変数は共通のものが数多く存在しており，また，実証すべき独立変数を別とすれば，コントロール変数については，かなりの程度，共通項が見出せるものと思われる。

　そこで，本研究では，それらの先行研究[10]において，「複数の研究において利用されている」ことを条件として，独立変数を抽出し，日本の監査環境における適用可能性を吟味するとともに，各因子間の共変性に留意しつつ，標準監査報酬モデルを構築することとしたい。本研究において，選び出した変数の候補は，次の36項目である。

---

10) 本研究において，決定因子の検討に当たって参照した研究としては，たとえば，Simunic［1980］の他，DeAngelo［1981］，Palmose［1986］，Francis and Simon［1987］，Craswell, Francis and Taylor［1995］，Behn et al.［1999］，Johnston and Bedard［2001］，Menon and Williams［2001］，Ireland and Lennox［2002］，Hay et al.［2006］等が挙げられる。
　また，日本における監査報酬を利用した研究として，佐久間［2008］，髙田［2008］矢澤［2007］及び矢澤［2008］等を参照した。

図表6-17　決定因子の候補

a. 企業規模関連 (11)	○総資産，○売上高，○連結子会社数，●海外資産，●海外売上高，○棚卸資産，○売上債権，○棚卸資産と売上債権の合計，●事業別セグメント数，●所在地別セグメント数，○従業員数
b. 安全性 (8)	○総負債，○当座比率，○過去3年度に損失を計上したか否か，○当年度に純損失を計上したか否か，○継続企業 (GC) に関する注記の有無，○デット・エクイティ・レシオ，○流動比率，○営業キャッシュフロー
c. 収益性／成長性 (6)	○投資収益率，○総資産事業利益率，○営業利益，○当期純利益，●純資産簿価時価比率，●過去3年間に総資産の5％を超える負債又は資本調達をしているか否か
d. 監査関連 (7)	○監査意見，○内部統制監査意見，●継続監査年数，○監査事務所が大規模監査事務所か否か，●決算日が繁忙期か否か，○監査人を交代したか否か，●監査法人の産業別シェア
e. その他 (4)	●報告書提出日の遅延日数，○上場市場，○産業コード（産業ダミー），○特別損益を計上しているか否か

　これらの決定因子候補について，まず，日本の監査環境における適用可能性を考慮して，いくつかの項目を除外することとした。たとえば，「報告書提出日の遅延日数」は，遅延がほとんどないことから除外し，「監査法人の産業別シェア」についても，4大監査法人で上場企業の85％を占めている状況及び特定の産業に特化した監査法人がないことから除外した。また，本調査研究が3月決算企業を対象としていることから，「決算日が繁忙期か否か」という変数も除かれることとなり，「継続監査年数」については公表データからは網羅的に収集できないことから除外した。その他，先行研究では，有意性の高い変数として知られている「海外資産」や「海外売上高」については，日本におけるセグメント開示規定では，開示の範囲や程度の判断が企業側に委ねられていて，必ずしも客観的な一定の規準に基づくとはいえないことから除外せざるを得ないものと判断した。その他，データの入手可能性等を勘案して，**図表6-17**において，●を付した10項目を除外し，○を付した26項目に基づいて検討することとした。

第6章　本研究会による監査報酬研究

　標準監査報酬モデルの検討は，監査報酬額を従属変数とするモデル式を作り，2009年3月期決算にかかる日本企業のデータセットをもとに，いかなるセットのモデル式が（共線性なく）成立し，かつ，一定の説明力を維持できるかを，SPSSを利用して，いわゆるステップ・ワイズ法に基づいて，一つずつ確認していくという方法によって行った。

　データは，上場企業のうち2009年3月期決算会社2,656社を対象として，本調査研究によって集められた監査報酬等のデータ及びその他の財務データ等は，日経NEEDS Financial Questによって入手したデータを利用した。なお，第1章と同様にSEC登録企業等39社を除き，金融機関及びデータの不備のある企業等を除いて，対象企業は，2,416社であった。

　結果として得られたのは，次のモデルである。

$$AFEE = \alpha + \beta_1 Assets + \beta_2 INVAR + \beta_3 Liquid + \beta_4 GC + \beta_5 Loss + \beta_6 Subs + \beta_7 Market + \beta_8 Auditor + \beta_9 Industry + \varepsilon$$

AFEE：　　監査報酬の金額
Assets：　　総資産の自然対数
INVAR：　　棚卸資産と売掛債権の合計を総資産で除したもの
Liquid：　　流動比率
GC：　　継続企業の前提に係る注記が付いている場合1，そうでない場合0
Loss：　　当期に純損失を計上している場合1，そうでない場合0
Subs：　　連結子会社数（＋1）の自然対数
Market：　　上場市場が非新興市場の場合1，新興市場の場合0
Auditor：　　大手4監査法人の場合1，それ以外の場合0
Industry：産業ダミー（32セグメント）
　ε：　　誤差項及び本研究における異常監査報酬の測度

各独立変数についての説明であるが，まず，総資産は，企業規模を示す変数であると捉えられる。われわれの調査研究では，従来，売上高と総資産の両者を用いて企業規模を取り扱ってきたが，両者は共線性が高く，また，近時の急激な景気の悪化のためか2009年3月のデータに関する限り，総じて売上高よりも総資産の方が説明力が高い結果となったことから，総資産を変数として残している。棚卸資産と売掛債権の合計額は，監査手続上，実証手続を構成する立会や確認の対象として多くの時間と労力を要するものと考えられることから，監査報酬への影響があると思われる。流動比率，継続企業の前提にかかる注記及び当期の純損失の計上は，いずれも安全性や企業業績の悪化等に関連するものであり，これが高い場合，監査人は，監査リスクが高いと想定して監査を実施すると考えられることから，監査手続の増加を通じて監査報酬への影響があるものと解される。さらに，上場市場別，監査法人の規模別の影響を図るため，それぞれの変数を設定するとともに，産業ダミーの項を設定した。各独立変数の記述統計量と相関係数は**図表6-18**のとおりである。

図表6-18　各変数の記述統計量と相関係数

1) 記述統計量

	AFEE	Assets	INVAR	Liquid	GC	Loss	Subs	Market	Auditor
平均	3.6751	10.4758	0.6311	0.9345	0.03	0.3704	1.9314	0.7156	0.786
最大	7.52	16.42	732.7	1	1	1	6.46	1	1
中央値	3.5553	10.338	0.324	0.9439	0	0	1.9459	1	1
最小	1.93	4.69	0	0.67	0	0	0	0	0
標準偏差	0.72463	1.6475	14.901	0.04393	0.173	0.48302	1.25175	0.4512	0.4102

2) 相関係数

	AFEE	Assets	INVAR	Liquid	GC	Loss	Subs	Market	Auditor
AFEE	1								
Assets	0.8003	1							
INVAR	0.009631	-0.05601	1						
Liquid	0.07815	0.00538	0.03397	1					
GC	-0.06927	-0.20588	-0.00326	-0.09924	1				
Loss	0.03404	-0.07153	-0.01556	-0.03846	0.20863	1			
Subs	0.740781	0.75401	0.028651	0.0466	-0.09163	0.03834	1		
Market	0.362951	0.53539	0.01396	0.00041	-0.11466	-0.0257	0.38484	1	
Auditor	0.295761	0.21132	0.010551	0.06978	-0.15683	-0.0888	0.13178	0.10289	1

このモデル式による重回帰分析の結果は，**図表6-19**のとおりである。本モデル式による調整済みR^2は，0.737であった。

図表6-19　標準監査報酬モデルによる検証結果

	係数	t値
切片	-0.596	-2.953**
Assets	0.291	34.385**
INVAR	0.002	3.406**
Liquid	0.867	4.324***
GC	0.409	8.791***
Loss	0.098	5.855***
Subs	0.158	16.15***
Market	-0.116	-5.675***
Auditor	0.261	13.547***

注：*は有意水準10％，**は5％，***は1％を意味する。

ステップ・ワイズ法を利用したこともあって，各変数は，いずれも監査報酬に対して有意な結果を示している。このうち，まず，Marketの変数を除く7つの変数は，いずれも正の係数をとっていることから，監査報酬を増額させる因子であることがわかる。とくに，注目に値するのは，海外の研究で大きな値の係数が示される傾向にあるINVAR，すなわち実証手続を要する棚卸資産や売掛債権の変数については，係数が比較的小さいことであろう。一方，LiquidやGCについては，相対的に係数が大きく，日本の監査報酬においては，安全性または企業の存続可能性の問題が，監査リスクの上場を通じて，監査報酬の増加をもたらす因子となっているものと考えられる。また，残るMarketの変数については，係数がマイナスになっていることから，非新興市場に属する企業の方が，新興市場に属する企業よりも，監査報酬を引き下げる傾向にあることが示されている。この点については，新興市場に属する企業の方が，本来の監査リスクが高く，より多くの監査時間，監査手続を必要とすることから，監査報酬を押し上げる結果となるものと解される。

もとより，本モデル式が，監査報酬を説明する唯一のモデル式であるという

ものではない。しかしながら，一定の説明力を有し，かつ，モデルとしてのシンプルさを維持していることが，モデル式をもとに，さらなる分析を進めるに当たっては重要であろう。今後は，年を追うごとに，本モデル式の検討を進めて，さらにモデルの精緻化を図り，モデル式をもとにした分析の基礎を構築していきたいと考えている。

(3) 1つの適用例：監査人の交代に対する影響の分析

前述のモデル式を適用した研究の一例として，ここでは，監査人の交代に対する影響の分析を試みたい。昨今，監査報酬が増加するに従って，監査報酬の増加を嫌って，監査人を交代する企業が多いといわれている。とくに，内部統制報告制度の導入に伴って，内部統制構築にかかるコストがかさみ，大手監査法人から中小監査法人への監査法人の変更もあるといわれている。そこで，監査報酬，監査報酬の増加，または実際の監査報酬と標準監査報酬との乖離等が監査人の交代に影響を与えているかどうかを検証するために，次のようなロジスティック回帰式を設定することとした[11]。

$$\begin{aligned}Switch(1,0) = &\ \alpha + \beta_1 AbFee + \beta_2 \Delta Fee + \beta_3 \Delta Assets + \beta_4 \Delta Liability \\ &+ \beta_5 Auditor2007 + \beta_6 GC2007\text{-}2009 + \beta_7 ChMarket \\ &+ \beta_8 ICFR + \beta_9 \Delta Subs + \beta_{10} INVAR + \beta_{11} Extra2007\text{-}2009 \\ &+ \beta_{12} Industry + \varepsilon\end{aligned}$$

---

[11] 監査人の交代について，監査報酬の観点から分析した研究は数多くあるが，その中でも，本稿でのモデル式を作成するに当たっては，Francis and Wilson [1988], Ettredge and Greenberg [1990], Simon and Francis [1988], Ettredge, and Scholz [2007] 等を参照した。

Swich：	2007年と2009年を比較して，監査人が交代した場合を1，交代していない場合を0とするダミー変数
AbFee：	異常監査報酬を表すものとして，2007年の標準監査報酬（先のモデルで算出したもの）の自然対数－2007年の監査報酬額（実際の金額）の自然対数
△Fee：	監査報酬の増加を表すものとして，2009年の監査報酬額（実際の金額）の自然対数－2007年の監査報酬額（実際の金額）の自然対数
△Assets：	総資産の増加を表すものとして，2009年の総資産の自然対数－2007年の総資産の自然対数
△Liability：	負債比率の増加を表すものとして，2009年の総負債を総資産で除したもの－2007年の総負債を総資産で除したもの
△INVAR：	棚卸資産と売掛債権の比率の増加を表すものとして，2009年の（棚卸資産額＋売掛債権額）を総資産で除したもの－2007年の（棚卸資産額＋売掛債権額）を総資産で除したもの
Extra2007-2009：	特別損益の計上を表すものとして，2007年，2008年，2009年のいずれかの年に，特別損益を計上したものを1，計上していないものを0とするダミー変数
GC2007-2009：	2007年，2008年，2009年のいずれかの年に，継続企業の前提に係る注記が付いている場合1，そうでない場合0とするダミー変数
ICFR：	2009年3月期の内部統制報告の結果について，重要な欠陥を報告または結論不表明であった企業を1，それ以外を0とするダミー変数
△Subs：	連結子会社数の増加を表すものとして，(2009年の連結子会社数＋1)の自然対数－(2007年の連結子会社数＋1)の自然対数

ChMarket： 上場市場を変更した企業1，変更していない企業0とするダミー変数

Auditor2007： 2007年の監査法人が大手4監査法人の場合1，それ以外の場合0とするダミー変数

ε： 誤差項

分析対象データは，3月期決算企業を対象とし，2007年，2008年及び2009年において，継続して上場しており，かつデータの不備がない企業である。また，SEC登録企業等及び金融機関を除いている。対象となった企業は，2,331社であった。上記の変数に対する基本統計量は，次の**図表6-20**のとおりである。

図表6-20　監査人の交代に関する基本統計量

	平均と割合				中央値			
	586	1,745			586	1,745		
	Switch	No-switch	T-test/Chi-sq	p	Switch	No-switch	z値	p
	661	1,670						
AbFee	0.022	0.003	1.11	0.267	0.059	0.025	-1.744*	0.081
△Fee	0.641	0.614	1.580†	0.114	0.598	0.554	-3.431**	0.001
△Assets	-0.163	-0.065	-4.886***	0.000	-0.107	-0.070	-5.582***	0.000
△Liability	1.499	-0.556	1.752*	0.080	-0.010	-0.007	-0.080	0.936
△INVAR	1.221	-0.595	1.613†	0.107	-0.021	-0.015	-0.590	0.555
Extra2007-2009	99.7%	99.8%	0.439	0.507				
GC2007-2009	3.3%	12.1%	64.868***	0.000				
ICFR	2.1%	3.9%	5.697**	0.017				
△Subs	0.718	0.499	0.746	0.456	0.000	0.000	-0.157	0.875
ChMarket	1.1%	1.0%	0.017	0.895				
Auditor2007	81.5%	81.7%	0.011	0.917				

注：*は有意水準10％，**は5％，***は1％を意味する。

ここで，分析に当たっては，2007年から2009年にかけての監査人の交代のケースについて，みすず監査法人の解散に伴う交代を区分する必要がある。また，4大監査法人とその他の監査法人等との区分によって，**図表6-21**のように分類することとした。

図表6-21 監査人の交代パターンに関する記述統計

分類記号	交代パターン	件数	比率
a	みすず監査法人から，他の監査法人に交代した企業	362	61.8%
b-1	4大監査法人から4大監査法人以外への交代のケースの企業	87	14.8%
b-2	4大監査法人以外から4大監査法人への交代のケースの企業	25	4.3%
b-3	4大監査法人から4大監査法人への交代のケースの企業	32	5.5%
b-4	4大監査法人以外から4大監査法人以外への交代のケースの企業	80	13.7%
	計	586	100.0%
	bのパターンについてのχ^2とp	54.8929	0.000

図表6-21におけるaを除いた監査人の交代ケースについての分析結果は，図表6-22のとおりである。この分析結果によれば，第一に，2007年時点での監査報酬モデルによって算定した標準監査報酬と実際の監査報酬の乖離は，監査人の交代に対して影響を及ぼしているとはいえない，という結果となった。また，実際の監査報酬の増加分については，4大監査法人へ交代した企業のケースで監査報酬の増加が有意な影響を及ぼしていることが示されているが，これは，4大監査法人の監査報酬がその他の監査法人に比べて高いことに伴うものであると解される。したがって，上記の結果からは，監査報酬の増加によって，あるいは同業または同規模の企業に比べて相対的に監査報酬が高い企業は，監査人の交代を図る傾向にあるとは必ずしもいえない，ということを示していると思われる[12]。

逆に，有意な結果を示していたのは，継続企業の前提に関する注記が，監査人の交代において，とくに，4大監査法人以外の監査法人への交代のケースに

---

[12] ただし，日本においては，監査人の交代時に，4大監査法人か否かを問わず，監査報酬が低くなる傾向があることが明らかとなっている。さらに，その低い監査報酬による契約は，いわゆるローボウリングとしての契約時のみの低廉な報酬設定ではないことから，過当競争による監査報酬の低廉化が進んでいるものと解されるのである。詳しくは，町田［2009］を参照されたい。

図表6-22　監査人の交代に関するロジスティック回帰の分析結果

1) 監査人の交代した企業と交代していない企業との対比

目的変数	Switch	
Switch n=	224	
No Switch n=	1,745	
	係数	p
AbFee	-0.200	0.359
△Fee	-0.212	0.359
△Assets	-1.070	0.000 ***
△Liability	-0.031	0.875
△INVAR	0.022	0.904
Extra2007-2009	28.845	1.000
GC2007-2009	1.592	0.000 ***
ICFR	0.239	0.545
△Subs	0.013	0.202
ChMarket	0.019	0.980
Auditor2007	0.088	0.653
(定数)	-31.152	1.000
正分類（％）	88.6%	
χ2（モデル）	104.815	
Nagelkerkeの疑似R2乗	0.102	

注：＊は有意水準10％，＊＊は5％，＊＊＊は1％を意味する。

2) 監査人の交代パターンごとの分析

交代パターン	b1		b2		b3		b4	
ベース（Switch）	224		224		224		224	
目的変数＝1	87		25		32		80	
	係数	p	係数	p	係数	p	係数	p
AbFee	-0.212	0.531	0.314	0.649	-1.311	0.005 **	0.061	0.864
△Fee	-1.502	0.001	1.148	0.030 **	1.415	0.004 **	-1.433	0.001 **
△Assets	-0.537	0.143	0.511	0.607	0.798	0.308	-0.468	0.214
△Liability	0.234	0.748	-3.051	0.263	0.544	0.754	0.032	0.966
△INVAR	-0.296	0.736	2.047	0.503	-2.207	0.288	-0.049	0.957
Extra2007-2009	29.678	1.000	27.911	1.000	28.189	1.000	29.365	1.000
GC2007-2009	1.011	0.003 **	-27.836	1.000	-28.315	1.000	0.846	0.017 **
ICFR	0.734	0.171	-27.603	1.000	-28.099	1.000	0.704	0.201
△Subs	0.002	0.937	-0.027	0.656	0.000	0.991	0.007	0.707
ChMarket	0.568	0.636	-31.905	1.000	-2.221	0.594	-28.907	1.000
Auditor2007	0.080	0.809	0.533	0.399	0.078	0.879	-0.204	0.518
(定数)	-30.959	1.000	-32.073	1.000	-31.959	1.000	-30.476	1.000
正分類％	85.7%		95.6%		94.7%		86.0%	
カイ二乗値（モデル）	48.867		17.549		28.594		35.255	
Nagelkerkeの疑似R2乗	0.141		0.099		0.138		0.106	

注：＊は有意水準10％，＊＊は5％，＊＊＊は1％を意味する。

影響があるということである。また，資産の増加や子会社数の増加は，監査人の交代に影響を及ぼしていると解される。これらのうち，後者の資産の増加や子会社数の増加は，企業規模の成長を意味するものと解される。それに対して，

継続企業の前提に関する注記がつくことは，事業リスクの増大を意味するものではあるが，監査人の側で，そうした企業との契約リスクを考慮して監査人の交代を求めたものか，あるいは，企業側が，継続企業の前提に関する監査人の判断を憂慮して，監査人の交代を求めたものかは，この結果からだけでは判断できないであろう。この点については，今後の課題としたい。

(4) おわりに

　本節では，われわれの今後の研究のための基礎として標準監査報酬モデルを構築すべく，先行研究において用いられている独立変数をもとに，帰納的に検討を重ね，暫定的なモデル式を提示した。

　さらに，当該モデルを利用しての研究の一例として，モデル式によって算定された標準監査報酬と実際の監査報酬額との差異を独立変数として，監査人の交代に対する影響を検討するロジスティック回帰分析を行った。ロジスティック回帰式については，説明力が低いこともあって，まだ検討・改善の余地が大きいと思われるが，少なくとも，前述の分析結果によれば，異常監査報酬や監査報酬の増額が監査人の交代に影響を及ぼすということは，必ずしもいえないことが明らかとなったといえるであろう。

　今後は今回，構築した標準モデルをもとに，モデルの精緻化はもちろんのこと，海外の先行研究で実施されている監査報酬を利用した研究に対する日本の監査環境での適用を包括的に図りたいと考えている。

参考文献

佐久間義浩［2008］「日本市場における財務諸表監査の経済的機能に関する検証」『会計プログレス』第9号，39-60頁。

髙田知実［2008］「経営者の裁量行動と継続企業の前提に関する追記の開示」『会計プログレス』第9号，61-77頁。

町田祥弘［2007］「日米上場企業の財務諸表監査報酬の比較」『会計・監査ジャーナル』

Vol.19, No.7, 22-29頁。

　　　　［2009］「監査人の交代時における監査報酬問題について」『會計』第175巻第1号, 63-78頁。

矢澤憲一［2007］「監査報酬と非監査報酬の関連性」『会計プログレス』第8号, 93-105頁。

　　　　［2008］「監査報酬と利益の質－専門性・独立性低下仮説の検証－」『會計』第174巻第3号, 89-102頁。

Behn, B., J. Carcello, D. Hermanson, and R. Hermanson, 1999. "Client Satisfaction and Big 6 Audit Fees," *Contemporary Accounting Research*, Vol.16, pp.587-608.

Craswell, A. T., J. R. Francis, and S. L. Taylor, 1995. "Auditor Brand Name Reputation and Industry Specializations," *Journal of Accounting and Economics*, Vol.20, No.3, pp.297-322.

DeAngelo, L. E., 1981. "Auditor Size and Audit Quality," *Journal of Accounting and Economics* Vol.3, No.3, pp.183-199.

Ettredge, M., and R. Greenberg, 1990. "Determinants of Fee Cutting on Initial Audit Engagements," *Journal of Accounting Research* Vol.28, No.1, pp.198-210.

Ettredge, M. L., C. Li, and S. Scholz, 2007. "Audit Fees and Auditor Dismissals in the Sarbanes-Oxley Era," *Accounting Horizons* Vol.21, No.4, pp.371-386.

Francis, J. and D. Simon, 1987. "A Test of Audit Pricing in the Small-Client Segment of the U.S. Audit Market," *The Accounting Review* Vol.62, pp.145-157.

Francis, J. R. and E. R. Wilson, 1988. "Auditor Changes: A Joint Test of Theories Relating to Agency Costs and Auditor Differentiation," *The Accounting Review* Vol.63, No.4, pp.663-682.

Hay, D., C. R. Knechel, and N. Wong, 2006. "Audit Fees: A Meta-analysis of the Effect of Supply and Demand Attributes," *Contemporary Accounting Research* Vol.23, No.1, pp.141-191.

Ireland, J. C., and C. S. Lennox, 2002. "The Large Audit Firm Fee Premium: A Case of Selectivity Bias?" *Journal of Accounting, Auditing and Finance* Vol.17, No.1, pp.73-91.

Johnston, K. and J. Bedard, 2001. "Engagement Planning, Bid Pricing, and Client Response," *The Accounting Review* Vol.76, pp.199-220.

Menon, K., and D. Williams, 2001. "Long-term Trends in Audit Fees," *Auditing: A Journal of Practice & Theory* Vol.20, No.1, pp.115-136.

Palmrose, Z-V, 1986. "The Effect of Nonaudit Service on the Pricing of Audit Services: Further Evidence," *Journal of Accounting Research* Vol.24, No.2, pp.405-411.

Simon, D. T., and J. R. Francis, 1988. "The Effects of Auditor Change on Audit Fees: Tests of Price Cutting and Price Recovery," *The Accounting Review* Vol.63, No.2, pp.255-269.

Simunic, D., 1980. "The Pricing of Audit Services: Theory and Evidence," *Journal of Accounting Research* Vol.18, No.1, pp.161-190.

（町田祥弘）

4 内部統制の有効性と監査報酬との関係

[要旨]

　2008年4月1日以降に開始した事業年度から，わが国においても金融商品取引法に基づく経営者の内部統制報告書とそれに対する監査人の監査が実施されている。本来，どのような内部統制を企業内に整備するかは経営者の裁量の問題であり，私的自治の範疇に属するはずである。また証券市場において投資者の意思決定に有用な情報となるのは，会計数値を反映した財務諸表を含む有価証券報告書であり，内部統制の有効性に関する経営者の評価報告書が公表されたとしても，その情報は内部統制の不備や欠陥があるか，ないかという事実を示す情報に過ぎず，意思決定情報としてはそれほどの有用性があるとは思われない。

　にもかかわらず，公的規制には不向きなはずの内部統制に関する報告制度が導入されたのは，財務報告に係る有効な内部統制の整備・運用を義務付けることで，有効な財務諸表作成プロセスを企業に確保させ，ひいては財務報告の質を高くすることに結び付くと考えられたからといえる。換言すると，有効でない内部統制を有する企業では，財務報告プロセスの信頼性が損なわれ，結果として適正な財務諸表の作出可能性も低下することになる。

　本節では，不備ないし欠陥のある内部統制を有する企業では，統制リスク評価が高くなり，発見リスクを引き下げねばならない監査人としては，監査資源の投入を増加させ，それによって高い監査報酬を受け取ることになることを確認する。このような確認は，リスク・アプローチに基づく監査が，わが国においても有効に実施されていることを明らかにするであろう。また業績の悪い企業や子会社の少ない企業においては，収益獲得に直接貢献しない内向きのコストである，良好な内部統制の構築には後ろ向きの姿勢が窺え，そういった企業ほど内部統制上の問題を生じやすいことが判明した。

(1) はじめに

　2008年4月1日以降に開始した事業年度より，金融商品取引法第24条の4の4に基づく経営者による内部統制の評価報告書と同法第193条の2第2項による当該報告書に対する監査証明という形で，わが国においても内部統制報告制度が施行された。この制度では，いうまでもなく，2002年に制定されたアメリカのSOX法第404条を参考に導入されたものであり，その目的は，上場会社等に対して，財務報告に係る有効な内部統制の整備・運用を義務付けることにある。日米で同様の内部統制報告制度が導入された経緯は，SOX法が数多くの会計スキャンダルに直接起因するのに対して，わが国内部統制報告制度が会計情報以外の有価証券報告書における虚偽記載が直接的な切っ掛け[13]となったという違いはあるものの，ディスクロージャーの信頼性を確保するために企業内における有効な内部統制の充実を図るという視点は共通している。

　このような内部統制報告制度が導入されたことによって，わが国企業による財務報告の作成プロセスの有効性が確保され，その結果として作出される財務諸表も適正化が図れるものと期待された。そしてさらには，財務報告以外の目的による内部統制の有効性も確保され，当該財務諸表を含む有価証券報告書も適正化されることが想定されていたといえる。

　一方，その実績に関して，内部統制報告制度が導入されて以降，すでに2度の当該報告書の提出がなされていることから，われわれはそれを捕捉することができる。適用初年度（2009年3月期決算企業）の実績は，3,785社中92社（全体の2.4％）が「重要な欠陥があり，内部統制は有効ではない」という評価結果を報告している（企業会計審議会［2010］）。これに対して，アメリカで内部

---

13) わが国における内部統制報告制度導入の直接的な切っ掛けは，西武鉄道が有価証券報告書の大株主の株式保有比率を虚偽に記載していた（日本経済新聞社［2004］）ことであり，その後の2度にわたる金融庁による上場企業に対する有価証券報告書の自主点検要請（金融庁［2004a］，［2004b］）である。

統制報告制度が導入された初年度実績は,上場企業のうちの年次報告書早期提出企業に限定されているにもかかわらず,その16.9％が重要な欠陥を報告していた（Audit Analytics［2006］）。このような日米における適用初年度の重要な欠陥の報告割合に相違が生じた理由として,過度に保守的な対応を採ったアメリカSOX法に対する批判を踏まえて,わが国制度が設計されたものであるから,とされる。そこでは,トップダウン型のリスク・アプローチを採った上で,重要な虚偽記載に繋がるリスクに着眼して,必要な範囲で内部統制を整備・評価すること,すなわち内部統制の評価や監査のコスト負担が過大にならないように,経営者による内部統制の整備・評価の範囲の「絞り込み」を認めている（金融庁［2008］；野村［2010］66頁）[14]。

　内部統制は,アメリカにおけるCOSOのフレームワークによる概念的な拡張はあったものの,企業経営者が自らの合理的な経営管理の観点から自主的に企業内部に設けるもののすべてを指しており,設定主体が経営者であることに変わりはない。つまりは企業の私的自治の問題であり,公的規制の入り込む余地はない。また,証券市場において投資者の意思決定に有用な情報となるのは,会計数値を反映した財務諸表を含む有価証券報告書であり,内部統制の有効性に関する評価報告書が開示されたとしても,その情報は重要な欠陥の有無を示す情報に過ぎず,意思決定情報としては,それほどの有用性があるとは思われない。ましてや,当該年度の2％の企業しか重要な欠陥があった事実を開示しないのであれば,極めて例外的な企業を上場企業の中から抽出することに役立つだけで,残りの98％の企業分析においては,相変わらず有価証券報告書が重要な位置を占めることになっている。

　それにもかかわらず,内部統制報告制度が導入されねばならなかった理由は,財務諸表を作成するプロセス（財務報告に係る内部統制）の有効性を確保することによって,当該プロセスを経た最終成果である財務諸表の適正化がヨリ一層図られる,という期待によるものであった。本節では,内部統制の有効性の

---

14) このような比率の相違が生じた要因として,対象企業が内部統制報告制度に適切に対応できたという側面も無視できない（野村［2010］,66～67頁）,との指摘もある。

程度が財務諸表監査への影響を通して,どのように財務報告の質に影響をもたらすのかについて,企業規模,業績,組織の複雑性といった変数に加えて監査報酬を用いて検証することを目的とする。

(2) 財務報告の質

　内部統制報告制度が,有効な財務報告のプロセスを整備・運用させることによって,結果的な財務報告の適正化を図ることを意図していることは,すでに確認した。この財務報告の作成プロセスの有効性を確保することによって,財務報告の質を確保させようとする内部統制報告制度に対して[15],財務報告の質そのものを外部から直接担保するものが財務諸表監査制度である。つまり,財務報告の質は,最終的には財務諸表監査によって保証されることになるので,市場に提供される大半の財務諸表に対して監査人が無限定適正意見を表明している以上,本来は,内部統制の有効性の程度にかかわらず,当該財務諸表の質は一定の合理的水準を達成していることになる。

　もし内部統制報告制度がその意図どおりに機能していれば,内部統制の重要な欠陥を報告しない企業においては,当該年度の財務諸表も元々適正に作成されているはずであり,事後的な数値の訂正が生じる余地はない。しかしながら,もし有価証券報告書提出後に当該有価証券報告書を訂正するような事態が生じているとすれば,本来,有効であったはずの財務報告に係る内部統制が,有効に機能していなかったことを示唆していると推測できる。また同様に,内部統制報告書についても,その提出後に訂正報告書が出されていれば,内部統制自体にも問題があったことになる。

---

15) Muramiya and Takada [2010] は,内部統制に不備のある企業において,財務報告の質が低くなることを,内部統制の不備と決算短信との関係として分析し,両者に統計的な関係を見出している。またFeng et al. [2009] でも,内部統制の重要な欠陥と経営者予想(財務報告の質)との間に有意な関係を見出している。この他,重要な欠陥と利益の質との関係を分析したものに矢澤 [2010] がある。

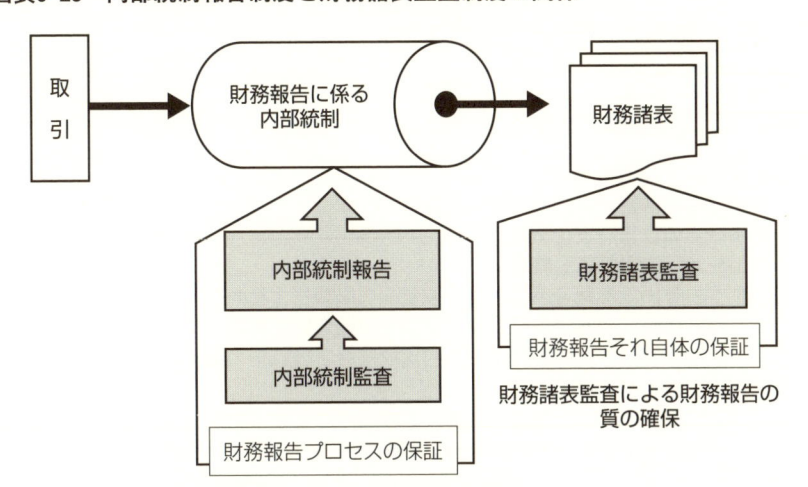

図表6-23　内部統制報告制度と財務諸表監査制度の関係

取引 → 財務報告に係る内部統制 → 財務諸表

内部統制報告 ← 内部統制監査
財務報告プロセスの保証
有効な内部統制による財務報告の質の確保

財務諸表監査
財務報告それ自体の保証
財務諸表監査による財務報告の質の確保

　制度設計において財務報告の質を支えると想定された内部統制の有効性の問題は，企業経営者自身が重要な欠陥を自ら報告するだけでなく，当該年度の有価証券報告書の訂正報告書を提出したか否かということと，内部統制報告書の訂正報告書を出したか否かということから捉えられることになる。換言すると，訂正報告書の提出は，当該企業が相対的に信頼性の低い，ないしは相対的に財務報告の質の低い財務諸表を公表していることのシグナルになっている（Anderson and Yohn [2002]）。

①　サンプルの選択

　本節の分析では，2009年度（2009年4月決算から2010年3月決算）の企業データを前提にして，EDINETを用いて，(1)内部統制報告書で重要な欠陥を開示した企業，(2)内部統制報告書を事後的に訂正した企業，ならびに(3)有価証券報告書提出後に経理の状況を訂正する訂正報告書を提出した企業，という3種類の企業を，財務報告の質が確保できていなかったサンプル企業，すなわち内部

統制に何らかの問題があったサンプル企業として抽出することにする。これらサンプル企業群は，**図表6-24**のようになる。

図表6-24　内部統制に問題のあったと推定される企業サンプル数

分析対象サンプルの抽出		
内部統制報告書における重要な欠陥報告企業数		92
有価証券報告書訂正企業数[†]		370
内部統制報告書訂正企業数[†]		16
うち有価証券報告書訂正かつ重要な欠陥報告企業数*	12	
うち内部統制報告書訂正かつ重要な欠陥報告企業数*	2	
うち有価証券報告書訂正かつ内部統制報告書訂正の企業数*	1	△15
最終抽出サンプル数		463
うちクライアント数50社以上監査事務所のクライアント数		331
うちクライアント数50社未満監査事務所のクライアント数		132

＊このうち1社は，内部統制の重要な欠陥を報告した上，有価証券報告書訂正と内部統制報告書訂正を行っている。
[†]有価証券報告書の訂正報告書と内部統制報告書の訂正報告書の抽出は，本節が対象とする2009年4月期から2010年3月期決算の企業を対象とし，抽出期間は2010年10月18日までの間を対象としている。このため，2010年10月19日以降にも企業が訂正報告書を提出したケースも考えられる。また訂正報告書は，1度に複数年度の有価証券報告書や内部統制報告書を対象に提出されるケースもある。

図表6-24において，内部統制の重要な欠陥を開示せず，事後的に内部統制報告書や有価証券報告書を訂正した企業は，内部統制を評価した段階ではそれらの内部統制の不備には気付いていなかったことになり，先にみた「内部統制の整備・評価の絞り込み」のために経営者評価の段階で潜在化してしまっていたものと理解できる[16]。

そのような理解に基づき，**図表6-25**では，被監査企業を50社以上有する大手及び中規模監査事務所それぞれと，それ以外の小規模の監査事務所との間で，内部統制に問題があったと推定できる企業に対して，どのような相違を見出せるか，について示したものである。

---

16) この経営者による内部統制評価の段階で内部統制の不備が潜在化してしまうと，評価範囲は監査人と経営者が協議の上で決定されている以上，監査人も当該評価範囲を前提にすると考えられるので，当該不備は内部統制監査後も潜在化したままとなると推測される。

図表6-25 内部統制に問題があったと推定される企業と監査人の関係

	あずさ	あらた	三優	新日本	太陽ASG	トーマツ	東陽	小規模[*]	計
有報訂正	81	10	5	80	13	84	8	89	370
(%)	(21.89)	(2.70)	(1.35)	(21.62)	(3.51)	(22.70)	(2.16)	(24.05)	(100.00)
IC/R訂正	0	1	0	3	1	3	0	8	16
(%)	(0.00)	(6.25)	(0.00)	(18.75)	(6.25)	(18.75)	(0.00)	(50.00)	(100.00)
重要な欠陥	12	2	3	13	2	16	2	42	92
(%)	(13.04)	(2.17)	(3.26)	(14.13)	(2.17)	(17.39)	(2.17)	(45.65)	(100.00)
ICに問題	93	13	8	96	16	103	10	139	478[†]

[*] 小規模監査事務所は，クライアント数が50社未満の事務所から構成される。
[†] [図表6-24] でみたように，重複データが15社分含まれている。

　図表6-25からわかるように，内部統制の重要な欠陥を報告した企業，有価証券報告書の訂正報告書を提出した企業，ならびに内部統制報告書の訂正報告書を提出した企業のいずれにおいても，クライアント数の少ない小規模監査事務所の占める割合が大きくなっている。このことは，相対的に，小規模監査事務所ほど，内部統制に問題を抱えるクライアントを抱えていることを示唆している。とはいえ，このような結果になる理由が，小規模監査事務所の報酬圧力に対する脆弱さ（独立性の問題）なのか，監査業務過程における瑕疵なのか，については，個々の監査事務所の属性の違いやクライアント数の少なさ等から，統計的に分析することはできない。

　次に，財務報告の質は財務諸表監査によって保証されて初めて投資意思決定情報としての意味を持つことになるが，財務諸表監査においても内部統制は統制リスク（重要な虚偽表示リスクの一部）として評価の対象とされている。したがって，意思決定情報として利用可能な合理的な保証を提供するためには，監査人は，内部統制の統制リスクが高い企業ほど，発見リスクを低くしなければならず，この結果，監査手続の選択に際して質・量ともに充実したものとしなければならない。このことは，監査時間の増加を招き，ひいては監査報酬の上昇が期待される。

　図表6-24より，内部統制に何らかの問題があったサンプル企業として，(1)重

要な欠陥のあった企業92社，(2)有価証券報告書の訂正報告を行った企業370社，(3)内部統制報告書の訂正報告を行った企業16社を選定した。このうち3つの内部統制上の問題が重複した企業15社を除き，463社が分析の対象となるサンプル企業とされる。ここから，監査人の独立性に対する報酬圧力の可能性を排除し，監査の質を均等化するため（Watts and Zimmerman ［1982］），クライアントを50社以上有する大手及び中規模監査事務所のサンプル企業として331社を抽出した。

さらにこの内部統制上の問題を抱えていた企業の特性を統計的に見出すために，比較対象するコントロール企業として，訂正報告書を提出していない企業のうち，訂正報告書提出企業と同一の監査事務所と契約し，同一の業種に属し，かつ売上規模[17]が最も近い企業を抽出し対応させることにした。この結果，対応するコントロール企業のなかったサンプル企業17社[18]を除き，最終的なサンプルは314社となった。

② 実証分析の結果

これらのサンプル企業とコントロール企業の関係は，以下のように仮定される。

［仮説］内部統制に不備のある企業ほど，財務諸表監査のリスク評価において統制リスクが高いと想定され，監査人は最終的な財務報告の質を確保するために，監査手続の追加による監査報酬を増加させる。

---

17) 同一業種にする必要があるのは，当該企業の置かれている外部環境を統一するためであり，売上規模の近い企業を選定するのは，売上規模と監査手続，ひいては監査報酬との間には有意な関係が存在するからである（監査人・監査報酬問題研究会 ［2008］）。また監査報酬及び非監査報酬と財務報告の質を分析したKinney et al. ［2004］でも，売上規模による比較対象コントロール企業の抽出を行っている。
18) 対応するコントロール企業のない場合とは，売上規模が極端に大きすぎたり，極端に小さすぎたりして，売上規模基準で対応させることのできる企業がなかった場合である。

この［仮説］を検証するため，先に分類した内部統制に問題のある企業と正常な企業において，どのような監査報酬の差，すなわち投入監査資源量の差，があるのかについて，それぞれの母平均を単純に比較したものが**図表6-26**である。

図表6-26 監査報酬における平均差の検定結果（内部統制の問題企業314社と正常企業314社）

	平　　均		標準偏差		t統計量
	問題企業	正常企業	問題企業	正常企業	（期待符号＋）
log監査報酬	1.620	1.579	0.289	0.255	1.903*

*は有意水準10%（両側）を意味する。

この**図表6-26**をみると，内部統制上の問題がある企業ほど監査報酬が高くなる傾向を統計的に見出せる。これは，内部統制上の問題を抱えた企業ほど，監査人は統制リスクを高いと評価し，発見リスクを低くしなければならなかったために，相対的に多くの，かつ強力な監査手続を選択・実施したことを明らかにしている。

③　その他要因と財務報告の質との関係

財務報告の質である訂正報告書や内部統制上の欠陥開示に至る内部統制上の問題は，監査報酬だけでなく，企業規模の小ささ，企業年齢の若さ，財務困窮度，業績の善し悪し（収益率や損益情況），組織の複雑性，急激な成長，ならびに進行中のリストラ等との関係で議論されてきた（Doyle et al. [2007]；Kinney and McDaniel [1989]）。したがって，これらの変数もまた，監査報酬と同様に内部統制の不備を反映したものと捉えられる可能性がある。

以下では，(1)当該企業の規模，(2)業績，(3)組織の複雑性といった変数を含めた多変量の分析を行うことにする。財務報告の質に対して，これらの変数がどのように影響するのかを検証することが目的であるので，監査報酬にそれら4つを加えたものを独立変数とし，従属変数を内部統制上の問題の有無として，

ロジット回帰モデルによって変数間の関係を推定することにする。

図表6-27 変数の記述統計量と相関係数

パネル27-A 記述統計量

	log監査 報酬 AD_FEE	ROA	損益情況 LOSS	連結 子会社数 CMPLX	log時価 総額 SIZE	内部統制 の問題 IC_DF
平　均	1.6018	0.0024	0.2532	10.1194	4.0514	0.5
最　大	2.5011	0.2194	1	103	6.2964	1
中央値	1.5563	0.0121	0	5	3.9512	0.5
最　小	1	-0.9242	0	0	2.1139	0
標準偏差	0.2740	0.0781	0.4352	15.3897	0.7351	0.5004

パネル27-B 相関係数

	log監査 報酬 AD_FEE	ROA	損益情況 LOSS	連結 子会社数 CMPLX	log時価 総額 SIZE	内部統制 の問題 IC_DF
log監査報酬	1					
ROA	0.0384	1				
損益情況	-0.0705	-0.5935	1			
連結子会社数	0.6591	0.0153	-0.0450	1		
log時価総額	0.7173	0.3032	-0.2994	0.5206	1	
内部統制の問題	0.0733	-0.0983	0.0631	-0.0065	0.0063	1

　図表6-28からわかるように，すべてのモデルで監査報酬（AD_FEE）は，平均差の検定のときと同様に内部統制上の問題（IC_DF）との間で統計的に有意な関係にある。つまり，監査報酬の支払いが多い企業ほど，内部統制の欠陥開示や訂正報告書の提出をする傾向が高いことが確認できる。またROAとの関係で，業績の悪い企業ほど内部統制の問題が生じる可能性が高いことも示されている。しかし，連結対象となる子会社数が増加し企業組織の複雑性（CMPLX）が増すことは，決算処理に係る内部統制が複雑になるため，当該内部統制上の欠陥や事後的な訂正報告書の提出が生じやすいであろうと予想されたが，分析結果をみるとそうなってはおらず，むしろ複雑さが小さい企業ほど，すなわち連結子会社の少ない小規模企業ほど，内部統制の問題が生じやすいことが，統計的に明らかになっている。

図表6-28　多変量解析の推定結果

(期待符号)　(＋)　(－)　(＋)　(＋)　(＋)
$IC\_DF = \alpha + \beta_1 AD\_FEE + \beta_2 ROA + \beta_3 LOSS + \beta_4 CMPLX + \beta_5 SIZE + \varepsilon$

				変数の定義				
従属変数								
IC_DF	内部統制上の問題（重要な欠陥及び訂正報告）のある場合1，なければ0							
独立変数								
AD_FEE	監査証明業務に基づく報酬の対数							
ROA	総資産利益率							
LOSS	重要な欠陥の開示及び訂正報告書の対象となった決算期の業績が当期純損失であれば1，そうでなければ0							
CMPLX	連結対象となる子会社数							
SIZE	重要な欠陥の開示及び訂正報告書の対象となった決算期末時点の株式時価総額の対数							

	切片	AD_FEE (＋)	ROA (－)	LOSS (＋)	CMPLX (＋)	SIZE (＋)	Adj.R^2
モデルA	0.140 (0.888)	0.297 (2.427)**	-0.569 (-1.735)*	0.009 (0.162)	-0.003 (-1.796)*	-0.021 (-0.489)	0.022
モデルB	0.113 (0.764)	0.261 (2.687)***	-0.609 (-1.917)*	0.014 (0.247)	-0.003 (-1.859)*	—	0.021

＊は有意水準10％（両側），＊＊は5％（両側），＊＊＊は1％（両側）を意味する。
※財務データに欠落のある企業4社とそのペア企業4社を分析対象から削除している。

(3) おわりに

　本節では，内部統制報告書において重要な欠陥を開示した企業だけでなく，事後的に内部統制報告書の訂正報告書を提出した企業と有価証券報告書の訂正報告書を提出した企業を，内部統制に問題のある企業として扱った。これは，提出済みの有価証券報告書を訂正したという事実が，あるいは内部統制報告書自体を訂正したという事実が，内部統制に不備ないし欠陥（顕在化していない）があったにもかかわらず，内部統制の整備・評価範囲に関する一定の緩和措置によって，内部統制の評価に際してその不備や欠陥が発見されないまま，虚偽の内部統制報告書や財務諸表（有価証券報告書の経理の状況）に至っていると

理解できるからである。

このような顕在化していない内部統制上の欠陥[19]は，有価証券報告書の訂正報告書提出や内部統制報告書の訂正報告書提出という形で，財務報告の質を低下させた要因として捉えられる。

監査報酬等データを用いた分析を行い，2008年以降の内部統制報告制度が導入された後も，内部統制上の問題を抱える企業が存在し，それらの企業においては監査報酬が高くなることを検証した。具体的には，内部統制に問題のある企業（重要な欠陥開示，有価証券報告書の訂正報告書提出，内部統制報告書の訂正報告書提出）ほど，統制リスクが高く，発見リスクを下げなければならない監査人は，投入する監査資源の量を増加させる，すなわち監査報酬は高くなると予想された。当該予想を確かめるため，まず一変量の解析（平均差の検定）を行うことで，実際に内部統制上の問題と監査報酬との関連性を確認した。

次に，内部統制の問題に影響すると考えられる企業業績や企業規模といった4つのコントロール変数を加えた多変量解析でも，内部統制の問題と監査報酬の関係に統計的に有意な関係を確認できた。また，企業業績や企業の複雑さにおいては，業績の悪い企業や複雑さの小さい企業においては，いわゆる収益獲得に直接結び付かない内向きのコストである，有効な内部統制の構築に後ろ向きの姿勢が窺え，この結果，業績の悪い企業ほど，また複雑さの小さい企業ほど，内部統制上の問題が生じやすいことが判明した。ただし，本節は，取り扱う変数の限界に起因し，時系列的な分析を行えていない点や財務困窮度や成長性等の有力な変数を扱えていない点で，統計分析の説明力にも限界がある。

以上のようなことから，監査報酬の多寡は財務報告の質を確保するために必須の条件であると解され，相対的に監査報酬の低下は財務報告の質を低下させることに結び付く可能性が高い。この関係は，不況期においてもそのまま成立するはずであり，監査報酬が低下する事態に対して，「我々は監査を日用品（commodity）とはみなしていないし，安売り監査（Wal-Mart audit）を望ま

---

19) 企業が事後的に訂正報告書を提出している以上，当該企業は訂正の対象となった事象を訂正が必要となるくらい重要である，と判断したことになる。

ない」というアメリカSEC前主任会計士Turner氏の講演コメントを紹介する記事（McCann［2010］）にも現れている。

アメリカでは，たとえ不況下であったとしても，マスメディアでさえ投資者保護の観点から監査報酬の低下に警告を発するのに対して，わが国では不況下で監査報酬が下がるのは，あたかも当然のように喧伝されている[20]。このような相違は，投資者保護に対して財務諸表監査が果たす役割が，社会に十分に浸透していないことを示唆するのかもしれないが，証券市場での資金調達や証券投資を前提に成立する資本主義経済社会において，専門家ではなく社会一般やマスメディアといったいわゆる通常の人たちが，監査報酬の減少を通じた財務報告の質の低下にもっと関心を寄せるようにならなければならない，と考えられる。

参考文献

アビームコンサルティング［2010］『内部統制報告白書』アビームコンサルティング株式会社。

監査人・監査報酬問題研究会［2008］『2008年版　上場企業監査人・監査報酬白書』日本公認会計士協会出版局。

金融庁［2004a］「ディスクロージャー制度の信頼性確保に向けた対応について」11月16日。

金融庁［2004b］「ディスクロージャー制度の信頼性確保に向けた対応（第二弾）について」12月24日。

金融庁［2008］「内部統制報告制度に関する11の誤解」3月11日。

日本経済新聞社［2004］「証券監視委　西武鉄道・コクド調査へ　有価証券報告書虚偽記載の疑い」『日本経済新聞』10月16日。

日本経済新聞社［2010］「データ解説　監査報酬，前期2％減」『日本経済新聞』8月18日。

野村昭文［2010］「特別報告　内部統制報告制度導入後1年を振り返って」『内部統制』第2号。

町田祥弘・プロネクサス総合研究所［2010］『内部統制報告制度　実態調査』株式会社プロネクサス。

---

20) このような捉え方は，主要企業300社のうちの52％（156社）もの企業において，前期より今期の監査報酬が減少したという記事とともに，監査報酬の小さい企業ないし減少した主な企業ではなく，監査報酬の大きい主な企業一覧を掲載し，監査報酬の相対的に大きな企業が普通とは異なるというイメージを作り出す紹介の仕方からもわかる（日本経済新聞社［2010］）。

Anderson, K.L. and Yohn, T.L., 2002. "The Effect of 10K Restatements on Firm Value, Information Asymmetries, and Investors' Reliance on Earnings," SSRN Working Paper.

Audit Analytics, 2006. Section 404 Internal Control Material Weakness Dashboard, AuditAnalytics.com.

Doyle, J., W. Ge, and S. McVay, 2007. "Determinants of Weakness in Internal Control over Financial Reporting, *Journal of Accounting and Economics*, Vol. 44, pp. 193-223.

Feng, M., C. Li, and S. McVay, 2009. "Internal Control and management Guidance," *Journal of Accounting and Economics*, Vol. 48, Nos. 2-3, pp. 190-209.

Kinney, W.R. and L. McDaniel, 1989. Characteristics of Firms Correcting Previously Reported Quarterly Earnings, *Journal of Accounting and Economics*, Vol. 11, pp. 71-93.

Kinney, W. R., Z. Palmrose, and S. Scholz, 2004. "Auditor Independence, Non-Audit Services, and Restatements: Was the U.S. Government Right?" *Journal of Accounting Research*, Vol. 42, pp. 561-588.

McCann, D., 2010. "Audit-Fee Fall: It's a Matter of Trust," CFO.com, October 27.

Muramiya, K. and T. Takada, 2010. "Reporting of Internal Control Deficiencies, Restatements, and Management Forecasts," Working Paper, Kobe University.

Watts, R. and J. Zimmerman, 1982. "Auditor Independence and Scope of Services," unpublished working paper, N.Y.: Rochester, University of Rochester.

(松本祥尚)

5 監査事務所の収入に占める監査報酬の割合による影響

[要旨]

　古くから，そしてさまざまな観点から，被監査会社が監査人に監査報酬を支払うという金銭の授受関係は，監査人の外観的独立性のみならず実質的独立性についても負の影響を及ぼす可能性があると指摘されてきた。たとえば，ローボーリング，監査事務所における被監査会社の相対的な経済的重要性や，監査報酬に対する非監査報酬の割合が独立性に及ぼす影響などが議論されてきた。

　本節では，アメリカのデータを用いたLi（2009）の研究の一部を日本の状況に適用した追試型の研究として，特定の被監査会社から受け取る報酬が監査事務所の収入に占める割合と独立性の関係を，ゴーイング・コンサーン問題に言及した監査意見（GCO）を独立性の代理変数として分析している。Li [2009] では，被監査会社の経済的な重要性が監査人の独立性を損なうという関係は支持されず，むしろ，被監査会社の経済重要性が高いほど，より厳格な監査が実施されたことが示唆されている。

　検証仮説は，「監査人がGCOを表明する傾向と財務的に困窮している被監査会社の監査人にとっての経済的重要性とは無関係である。」である。GCOが表明されると市場はネガティブに反応し，被監査会社の倒産リスクはより高まると考えられる。そのため，監査人は，相対的な経済的重要性の高い被監査会社に対しては，監査契約を失うリスクを考慮して，GCOを表明しにくくなる可能性がある。しかし一方で，監査人にとっては，事務所の評判を維持・向上し，訴訟リスクは回避したいというインセンティブも働く。したがって，監査人と経済的重要性の高い被監査会社との経済的なつながりの方が，事務所の評判の維持・向上及び訴訟リスクの高まりに優先するかどうかは明らかでない。

　ロジスティック・モデルを用いて計算した結果，検証のために用いたモデルとデータの適合性は確認されたが，「被監査会社が支払った監査報酬額が監査事務所の収入合計額に占める割合」も「被監査会社が支払った監査報酬および非監査報酬の合計額が監査事務所の収入合計額に占める割合」もGCOの表明との有意な関係は確認できなかった。

（1）はじめに

　本節では，監査人が企業から受け取る報酬が監査人の独立性に及ぼす影響について検討したい。古くから，そしてさまざまな観点から，被監査会社が監査人に監査報酬を支払うという金銭の授受関係は，監査人の外観的独立性のみならず実質的独立性についても負の影響を及ぼす可能性があると指摘されてきた。たとえば，ローボーリング（最初の監査契約締結時には安い報酬額を提示してクライアントを獲得し，その後，報酬額を増加させること）や，監査事務所における被監査会社の相対的な経済的重要性（監査事務所の収入に占める被監査会社の支払う報酬の割合），あるいは監査報酬に対する非監査報酬の割合が独立性に及ぼす影響が議論されてきた。以下では，海外で実施された実証研究を日本の状況に適用する追試型の研究として，特定の被監査会社から受け取る報酬が監査事務所の収入に占める割合と独立性の関係を分析する。

（2）先行研究のレビュー

　アメリカにおいて，被監査会社が監査人に支払う監査報酬及び非監査報酬の金額の業務ごとの開示制度が導入されたのは2000年である。そのため，それ以前の監査報酬に関する研究では，質問票調査によって収集したデータを利用した分析が行われていた。

　監査報酬のアーカイバル・データを用いた独立性に関する実証分析の嚆矢はCraswell et al. [2002] である。オーストラリアではアメリカよりも先に監査報酬が開示されていたため，Craswell et al. [2002] は，オーストラリア企業の報酬データを用いて，監査事務所における被監査会社の経済的な重要性を分析した。この研究では，監査意見の種類（限定意見）を独立性の代理変数として，被監査会社の相対的な経済的重要性と監査人の独立性の関係が検証された

が，経済的な重要性が高いほど独立性が損なわれるという関係は確かめられなかった。

また，Li［2009］は，アメリカ企業について入手可能となった報酬データを用いて，監査事務所の収入に対する監査報酬及び非監査報酬の割合によって被監査会社の相対的重要性を測り，ゴーイング・コンサーン問題に言及した監査意見（GCO）を独立性の代理変数として分析を行った。その結果，SOX法の施行前には相対的重要性とGCOの開示頻度には有意な関係がなかったが，SOX法施行後は両者に正の有意な関係があることが確認された。つまり，これらのアーカイバル・データを用いた定量的分析では，被監査会社の経済的な重要性が監査人の独立性を損なうという関係は支持されず，むしろ，被監査会社の経済的重要性が高いほど，より厳格な監査が実施されたことが示唆されている。

以下では，Li［2009］の研究の一部を，日本の監査報酬データを用いて追試する。ただし，Li［2009］では，被監査会社の相対的な経済的重要性を計算するに当たって，監査事務所全体（National Level）ではなく地域事務所（Office Level）の収入額を用いており，このことが研究上の特徴の1つでもあるが，そもそも日本では，有限責任監査法人を除けば監査事務所全体の収入額すら知ることはできない。そこで，以下の分析に当たっては，『白書』（2012年版）に収録されている監査事務所毎の監査報酬及び非監査報酬の合計金額を，監査事務所の収入額の代理として用いる[21]。

(3) 仮　説

Li［2009］に倣い，監査人の独立性の代理変数としてGCOを用いる。GCO

---

21) 期間のズレはあるが，有限責任監査法人の公表データに示されている業務収入の金額に対する『白書』（2012年版）収録の監査報酬及び非監査報酬の合計金額の割合を計算すると，あずさ75.5％，新日本68.1％，トーマツ73.2％である。

が表明されると市場はネガティブに反応し，被監査会社の倒産リスクはより高まると考えられる[22]。そのため，監査人は，相対的な経済的重要性の高い被監査会社に対しては，監査契約を失うリスクを考慮して，GCOを表明しにくくなる可能性がある。しかし一方で，監査人にとっては，事務所の評判を維持・向上し，訴訟リスクは回避したいというインセンティブも働く。したがって，監査人と経済的重要性の高い被監査会社との経済的なつながりの方が，事務所の評判の維持・向上及び訴訟リスクの高まりに優先するかどうかは明らかでない。そこで，以下の仮説を検証する。

［仮説］監査人がGCOを表明する傾向と財務的に困窮している被監査会社の監査人にとっての経済的重要性とは無関係である。

(4) サンプルの選択

『白書』(2012年版)に監査報酬データが収録されている企業数は3,616社である。このうち，金融機関，決算期を変更した会社，一時監査人を選任している会社，分析に必要なデータを入手できない会社及び被監査会社が1社しかない監査事務所の監査を受けている会社（その会社の監査事務所にとっての経済的重要性は100%となる）を除くと，最終的な分析対象サンプルは3,387社となった（**図表6-29**参照）。

---

22) Li [2009] はこのような前提を置いているが，日本では必ずしもGCOに市場がネガティブに反応するとはいえない。詳しくは町田 [2011] を参照されたい。

図表6-29　分析対象サンプルの選択

『白書』（2012年版）収録会社数	3,616社
金融機関	125社
決算期を変更した会社	8社
一時監査人を選任している会社	6社
分析に必要なデータを入手できない会社	40社
被監査会社が1社しかない監査事務所の監査を受けている会社	50社
分析対象サンプル数	3,387社

(5) 研究手法

仮説を検証するに当たって，以下のロジスティック・モデルを用いる。とくに年度を示していない変数は，すべて2010年度のものである。財務データの入手には日経NEEDSを利用した。

$$GC = \beta_0 + \beta_1 \text{AUDFEE/TOTALFEE} + \beta_2 \text{SALES} + \beta_3 \text{ROA} + \beta_4 \text{LEVERAGE} + \beta_5 \text{LIQUIDITY} + \beta_6 \text{CHGDT} + \beta_7 \text{PRLOSS} + \beta_8 \text{PRNOCF} + \beta_9 \text{BIG4} + \beta_{10} \text{NEWDEBT}$$

ここで，

GC： 　　　　会社が初めてGCOを表明されていれば1，そうでなければ0
AUDFEE： 　被監査会社が支払った監査報酬額／監査事務所の収入合計額
TOTALFEE：被監査会社が支払った監査報酬及び非監査報酬の合計額／監査事務所の収入合計額
SALES： 　　被監査会社の売上高の自然対数
ROA： 　　　当期純利益／総資産
LEVERAGE：総負債／総資産
LIQUIDITY：流動資産／流動負債

CHGDT： 固定負債／総資産の前年度からの変化率
PRLOSS： 2009年度に純損失を計上していれば1，そうでなければ0
PRNOCF： 2009年度に営業活動からのキャッシュ・フローがマイナスであれば1，そうでなければ0
BIG4： 監査人が大手4監査法人（あずさ，あらた，新日本，トーマツ）であれば1，そうでなければ0
NEWDEBT： 借入金と社債の合計金額が前年度から増えていれば1，そうでなければ0

　独立変数（被説明変数）であるGCは，会社が初めてGCOを表明されていれば1，そうでなければ0をとる。実証研究では一般に，年度が異なれば別個の企業とみなして処理するので，分析対象期間の複数年度においてGCOを表明されている企業の影響を排除するために，Li [2009] をはじめ多くの先行研究では，初めてGCOを表明された時だけをGCOを表明された企業として取り扱っている。ここでの分析は単年度を対象としているが，Li [2009] に倣っている。
　AUDFEE及びTOTALFEEが検証変数である。もし高い報酬割合が独立性を損なうのであれば，これらの変数の係数は負になるはずである。
　このモデルでは，監査人がGCOを表明することに影響する可能性のあるその他の要因，すなわち，被監査会社の規模，財務的に困窮しているか否か，監査事務所の規模及び監査人の新規借入の有無をコントロール変数として組み込んでいる。ただし，Li [2009] では，決算日から監査報告書日までの日数もコントロール変数としているが，日本では監査報告書提出の遅延がほとんどないので，変数から除外している。
　先行研究では，会社の規模とGCOを表明される可能性との間に負の関係が確認されている（Mutchler [1997]）。そこで，会社規模の代理変数としてSALESを用い，GCOとの負の関係を想定している。また，財務的困窮に関する変数として，ROA，LEVERAGE，LIQUIDITY，CHGDT，PRLOSS及びPRNOCFを組み込んでいる。ROAとLEVERAGEは被監査会社の財政状態，

LIQUIDITYは流動性リスクをコントロールするものであり，CHGDTは被監査会社の将来の追加的な資金調達能力を代理する変数である。また，PRLOSSとPRNOCFは財務的困窮状態に至っているか否かを示す変数として用いている。ROA及びLIQUIDITYとGCOには負の関係が想定される。一方で，LEVERAGE，PRLOSS及びPRNOCFとGCOには正の関係が想定される。CHGDTとGCとの関係について符号は予想できない。

　規模の大きい監査事務所は，倒産リスクの高い被監査会社について準レントが大きく，また評判リスクが高いので，GCOを表明する可能性が高いと考えられる。したがって，BIG4とGCの間には正の関係が想定される。

　最後に，新規の借入は倒産リスクを引き下げると考えられ（Mutchler [1997]），NEWDEBTとGCには負の関係が想定される。

（6）実証分析の結果

各独立変数の記述統計量と相関係数は，**図表6-30**及び**図表6-31**のとおりである。

図表6-30　変数の記述統計量

変数	平均値	最大値	中央値	最小値	標準偏差
GC	0.01	1.00	0.00	0.00	0.07
AUDFEE	0.03	0.74	0.00	0.00	0.08
TOTALFEE	0.03	0.74	0.00	0.00	0.08
SALES	10.31	16.77	10.22	3.69	1.75
ROA	0.01	1.23	0.02	-7.59	0.20
LEVERAGE	0.51	9.27	0.51	0.00	0.27
LIQUIDITY	2.34	211.00	1.63	0.06	4.44
CHGDT	-0.00	1.01	0.00	-0.75	0.06
PRLOSS	0.28	1.00	0.00	0.00	0.45
PRNOCF	0.14	1.00	0.00	0.00	0.35
BIG4	0.74	1.00	1.00	0.00	0.44
NEWDEBT	0.27	1.00	0.00	0.00	0.44

図表6-31　相関係数

	GC	AUDFEE	TOTALFEE	SALES	ROA	LEVERAGE	LIQUIDITY	CHGDT	PRLOSS	PRNOCF	BIG4	NEWDEBT
GC	1	0.025	0.025	-0.055**	-0.138**	0.098**	-0.019	0.021	0.086**	0.066**	-0.053**	0.023
AUDFEE		1	1.000**	-0.068**	-0.063**	0.067**	-0.025	0.007	0.06**	0.056**	-0.589**	0.001
TOTALFEE			1	-0.067**	-0.063**	0.068**	-0.026	0.007	0.06**	0.056**	-0.588**	0.001
SALES				1	0.16**	0.146**	-0.210**	-0.038*	-0.223**	-0.269**	0.247**	0.061**
ROA					1	-0.513**	-0.003	-0.150**	-0.174**	-0.175**	0.122**	-0.046**
LEVERAGE						1	-0.3**	0.099**	0.118**	0.069**	-0.086**	0.133**
LIQUIDITY							1	-0.017	0.05**	0.096**	0.006	-0.075**
CHGDT								1	-0.041*	0.014	-0.026	0.172**
PRLOSS									1	0.335**	-0.121**	-0.034*
PRNOCF										1	-0.112**	0.016
BIG4											1	-0.003
NEWDEBT												1

*は有意水準5％（両側），**は1％（両側）を意味する。

第6章 本研究会による監査報酬研究

先述のロジスティック・モデルの計算結果は，**図表6-32**及び**図表6-33**のとおりである。

図表6-32　AUDFEEを組み込んだモデル

	係数	Wald	有意確率
定数	-2.170	1.310	0.252
AUDFEE	-2.002	0.428	0.513
SALES	-0.251	2.044	0.153
ROA	-0.154	0.137	0.711
LEVERAGE	-0.130	0.074	0.785
LIQUIDITY	-0.948	5.799	0.016*
CHGDT	0.816	0.156	0.693
PRLOSS	1.908	7.866	0.005*
PRNOCF	0.536	0.897	0.344
BIG4	-0.767	1.501	0.221
NEWDEBT	0.486	0.876	0.349

*は有意水準1％（両側）を意味する。

図表6-33　TOTALFEEを組み込んだモデル

	係数	Wald	有意確率
定数	-2.186	1.332	0.248
TOTALFEE	-1.898	0.392	0.531
SALES	-0.251	2.041	0.153
ROA	-0.154	0.137	0.711
LEVERAGE	-0.13	0.074	0.786
LIQUIDITY	-0.946	5.785	0.016*
CHGDT	0.821	0.157	0.692
PRLOSS	1.908	7.864	0.005*
PRNOCF	0.534	0.891	0.345
BIG4	-0.757	1.461	0.227
NEWDEBT	0.486	0.877	0.349

*は有意水準1％（両側）を意味する。

図表6-32はAUDFEEを組み込んだモデルの計算結果を，**図表6-33**はTOTALFEEを組み込んだモデルの計算結果を示している。Cox & Snell R 2 乗はどちらも0.013であった。Hosmer–Lemeshow検定による有意確率は前者が0.305，後者が0.306であり，いずれも有意水準0.05よりも大きいので，2つのモデルはそれぞれデータに適合していると判断できる。しかし，AUDFEE

もTOTALFEEもGCOとの有意な関係は確認できなかった。変数のうちGCOに有意に関係しているのはLIQUIDITYとPRLOSSのみである。LIQUIDITYの係数の符号は負，PRLOSSの係数の符号は正であり，事前の想定と合致している。

(7) むすび

　Li［2009］による先行研究に基づき，被監査会社が支払った監査報酬が監査人の収入に占める割合で測った被監査会社の相対的な経済的重要性とGCOとの関係を，『白書』（2012年版）のデータを利用して検証した。

　2010年度にGCOをはじめて表明された会社が17社しかないため，モデルそのものはデータに適合しているものの，GCOとの有意な関係を示す変数は2つにとどまった。試行錯誤の一環として，初年度か前年度以前からの継続かを問わず2010年度にGCOを表明された会社70社を用いて計算すると，SALES，ROA，LEVERAGE，CHGDT，PRLOSS及びPRNOCFが5％水準で有意となった。しかし，AUDFEEとTOTALFEEのいずれもGCOとの有意な関係は確認されなかった。

　本節の分析は，2010年度のデータのみを用いることを前提としており，また紙幅の関係もあって，先行研究の一部分の追試にとどまっているが，これまで蓄積してきた過年度のデータも用いて，あらためて検定を行いたい。

参考文献

伊豫田隆俊・松本祥尚・浅野信博・林隆敏・町田祥弘・髙田知実［2012］『実証的監査理論の構築』同文舘出版。

髙田知実［2009］「クライアントとの関係が監査人の独立性に及ぼす影響－精神的独立性と外観的独立性の観点から－」『国民経済雑誌』第200巻第6号，17-35頁。

髙田知実［2010］「監査報酬と監査環境の変化がゴーイング・コンサーンの開示に及ぼす影響の実証分析」『現代監査』No.20，110-121頁。

町田祥弘［2011］「継続企業の前提に係る監査基準の改訂の影響に関する研究」『会計プロフェッション』第6号，135-165頁。

Craswell, A., D.J. Stokes, and J. Laughton, 2002. Auditor Independence and Fee Dependence, *Journal of Accounting and Economics*, Vol.33, No.2, pp. 253-275.

Li, C., 2009. Does Client Importance Affect Auditor Independence at the Office Level? Empirical Evidence from Going-Concern Opinions, *Contemporary Accounting Research*, Vol.26, No.1, pp. 201-230.

Mutchler, Jane F., William Hopwood, and James M. McKeown, 1997. The Influence of Contrary Information and Mitigating Factors on Audit Opinion Decisions on Bankrupt Companies, *Journal of Accounting Research*, Vol. 35, No. 2, pp. 295-310.

(林　隆敏)

第7章

監査報酬の適正化に向けて

第7章 監査報酬の適正化に向けて

1 わが国監査報酬の現状と課題

　第1章でみたように，監査報酬は，労働集約型の監査業務の資源投入量を示す1つの代理変数（サロゲート）である。本来であれば，監査概要書に記載される監査時間や監査への関与者の職位と人数等が直接的な指標となるところではあるが，それらは監査事務所における重要な秘匿情報の一つとして扱われているため，諸外国においても一般に公開されることはない。監査報酬は，監査時間等のさらなるサロゲートといえるが，現下の状況においては監査の品質を示す最重要指標の一つといえる。

　このことは，第5章で示した内外の先行研究の動向によっても明らかである。海外では，監査報酬の決定要因の分析を通じて，あるいは監査報酬決定モデルを用いて通常予想される水準を上回る（または下回る）監査報酬の決定方法や金額を識別することで，監査の品質の分析研究が一定の研究領域を形成し，そこでの研究成果は監査制度や監査規範の設定や改廃に際しての基礎データとして利用されている。また，われわれが『上場企業監査人・監査報酬白書』の中で公表してきた監査報酬を利用した実証的研究成果の中にも，それらの研究の系譜に属するものが含まれている（第6章を参照のこと）。

　そのように考えた時に，第3章に示したわが国の監査報酬の実態は，どのように捉えられるであろうか。海外と比べて数分の一に過ぎない監査報酬額は，内外の監査業務に対する単位当たり業務対価の相違はあるにしても，主として監査時間の少なさに起因することが想定される。たしかに，過去5年間の監査報酬の動向を振り返れば，四半期レビュー及び内部統制監査が導入された2008年度に，監査報酬額は大きな増加を示しているものの，その後，それらの制度が定着し，さらに2010年度には，両制度の見直しによるコスト負担軽減策が実施されたこと等によって，監査報酬額は低減してきている。それどころか，近

年では，監査事務所間の競争の激化もあって，2008年度の伸びの多くの部分は失われてしまっているのである。こういった傾向は，リーマンショックの影響もあって監査報酬額が一時的に減少したものの，2011年には増加に転じているアメリカの状況や，監査対象の複雑化や多様化の進展を考え合わせると，正常な動きとはいえないであろう。

　そもそも，四半期レビュー及び内部統制監査によって監査時間が増加し，その結果として監査報酬額が増加することに期待するのは本末転倒なのであり，個々の監査契約交渉の場面において，予定している監査計画に応じた適正な監査報酬の実現を図るべきなのである。そうした取り組みがない中で，新たな規制や制度をいくら導入しようとも，それらの定着に応じて再び価格競争に転じてしまうことになるという結果が容易に予想される。

　第2章で示したように，わが国では，戦後の監査制度導入期の影響から，かつて標準監査報酬制度が置かれていた。同制度は，監査契約に当たって参考となる指標として，監査報酬の算定モデルを示すとともに，日本公認会計士協会と経団連等との間で合意した算定基準を元にして標準監査報酬を算定するものであったが，実際には，算定された標準監査報酬は監査契約交渉における監査報酬額のシーリング（上値）として意識されることが多く，長きにわたってわが国の監査報酬が低廉な額に抑制された主たる原因の一つであった。わが国の監査報酬の低廉な状況及びそれが示唆する監査時間の少なさを問題視し，日本公認会計士協会は，数次にわたる会長通牒や，監査報酬算定の基礎となる監査時間の見積りに関する実務指針を公表し，金融庁も監査報酬の開示制度を導入したのである。

　しかしながら，現下の監査報酬の実態は，監査報酬の低廉化傾向に歯止めがかからない状況にある。まさに，監査業務の日用品（commodity）化が進んでいるのであって，公認会計士という専門職業が提供する専門業務の有り様としては，他の専門職業における業務報酬の状況を想起すれば，異常な状況とさえいえるかもしれない。海外では対照的に，欧州委員会（EC）が監査報酬の高止まりに対する懸念を1つの背景として，監査事務所の強制的交代制度の導入

第7章　監査報酬の適正化に向けて

を提起していることに鑑みれば，監査報酬額の増加自体が目的ではないものの，適正な水準の監査報酬を実現することは，監査の品質を確保するために必要不可欠であると思われる。

　第4章では，上場企業と監査事務所の双方に対して実施した意識調査の結果を示しているが，現在の監査報酬額の水準を監査人の側では低廉で問題があると認識しているのに対して，企業側からは，適正である，それどころか監査人が実施している業務に比して高い，という回答さえ寄せられたのである。このことだけを鑑みても，監査の意義に対する理解を得るところから始めなければ，到底，適正な監査報酬，ひいては適切な監査時間の確保等を実現することは難しいということがわかる。

　また，回答結果からは，監査事務所間の価格競争が低廉な監査報酬の主たる原因であるという意見が数多く示された。専門職業である公認会計士が価格をもって競争するということ自体に問題はあるが，監査事務所が営利事業体である以上，そうした競争戦略を外部から一概に否定することはできない。しかしながら，価格競争が将来的には自らの，さらには業界全体のデメリットになるということは，当事者である監査事務所及び公認会計士が認識すべき問題であろう。

　競争戦略が加熱すれば，いずれ，極端な監査報酬の低廉化による負の経済的帰結がもたらされる可能性は否定できないが，そうした問題は，当事者に任せていても解決するものではない。一定の外部からの助力ないし規制等が必要であろう。監査報酬の開示制度も，本来の趣旨は，開示を通じて外部の目によるモニタリングを可能とし，適正な監査報酬，適切な監査時間等の確保を促すことにあったが，現状を顧みると，開示制度だけでは不十分であったと解さざるをえない。アンケートの結果からは，金融庁，日本公認会計士協会，証券取引所等による一定の関与が必要であるとの意識が強く伺われる。なかには，独占禁止法上問題のある標準監査報酬制度の復活を求める声や，海外で議論が高まっている監査事務所の強制的交代制度等を導入することを支持する回答さえあったのである。

以下では、こうした調査結果や本書の他の章で示した検討結果を踏まえて、監査報酬、ひいては監査時間の適正化に向けてのわれわれの提言を示すこととしたい。

2 監査報酬の適正化に向けての提言

わが国の監査報酬の適正化が、単なる監査事務所の収入増加のための方策ではなく、わが国の監査の品質の水準を維持、向上させるために必要不可欠であるという認識に立ち、われわれは、現在の状況にあって、以下のような監査報酬適正化に向けての対応が求められると考えている。なお、これらの事項はあくまでも、われわれ研究会としての第三者的な立場からの見解であって、日本公認会計士協会としての公式見解ではないことを付言しておく。

① 社会的理解の浸透

公認会計士の自主規制機関たる日本公認会計士協会が、監査報酬の低廉化がディスクロージャー制度、及びそれを前提とする資本市場にもたらす悪影響を提示し、監査報酬の適正化によって一定の監査の品質を確保することの必要性について、社会の共通認識を醸成すべく、さらなる啓発活動に努めること。

② 品質管理上の対応

監査実施の責任者が、監査契約交渉の現場において、適切な監査時間の確保及びそれを反映した監査報酬の実現に努めること、ならびに、監査事務所が、監査事務所レベルの品質管理において、そうした実務が行われることをモニタ

第7章　監査報酬の適正化に向けて

リング対象とすること。

また，日本公認会計士協会や企業会計審議会において，かかる事項を品質管理の規範に明示して規定すること。

③　情報開示による対応

金融庁が，有価証券報告書において，あるいは監査報告書において，監査報酬の開示のみならず，監査概要書にすでに記載されている監査時間や監査担当者の関与状況を開示させるべく，開示府令または監査証明府令を改正すること。

また，マスコミや研究機関等が，それらのデータをもとに，実態調査等を行い，その結果を適宜公表することで，監査に関する情報の社会化を図ること。

④　自主規制上の対応

日本公認会計士協会が，前年度に比べて大幅な監査報酬の減額が行われた契約や明らかに低廉な監査報酬額で締結されている監査契約を，品質管理レビューにおいてモニタリングすること，あるいは監査業務審査会における個別の検討事案として取り上げることを通じて，自主規制として，不当に低廉な監査報酬による監査契約の締結及びそうした監査契約を締結する担当者に対する改善を求めること。また必要に応じて，自主規制上の処分を行う可能性も検討すること。

日本公認会計士協会は，上場企業の監査について監査概要書の情報を収集することが既に可能なのであるから，上記③の開示規制等の改正が行われるか否かにかかわらず，こうした対応は，自主規制として実施可能である。

他方，監査実施の責任者は，監査契約の個別交渉において，不当な報酬引下げ等の要求があった場合には，職業倫理上の独立性に対する阻害要因として，監査事務所を通じて日本公認会計士協会に情報を通知すること。

⑤　**監督機関による対応**

　自主規制上の対応が困難であるか，または適切な措置がとられないと想定される場合には，公的規制によって市場の失敗を回復する必要がある。公認会計士・監査審査会（または証券取引等監視委員会や金融庁自体による場合も考えられる）が，日本公認会計士協会の品質管理レビューに対するモニタリングや，個別の監査事務所に対する検査等を通じて識別された不適切な水準の監査報酬や監査時間からなる監査契約を特定し，必要に応じて，改善措置や勧告等の行政処分を行うこと。

　以上の提言の中には実現に向けて困難なものも含まれている。また，今後の監査制度や監査規範の検討の中では，多様な展開が考えられるであろう。しかしながら，多様な議論を通じて，わが国の監査について高度な品質を確保するには，その必要性の認識及びそれを実現するための熱意を関係者が共有し，一つずつ課題を克服していくことしか方法はないであろう。
　本書がその第一歩となれば，何よりの貢献であると考えている。

　　　　　　　　　　　　　（町田祥弘・松本祥尚・林　隆敏・矢澤憲一・髙田知実）

付　録

付　録

● 監査事務所向けアンケート

わが国における監査報酬等に関するアンケート（監査事務所／2011年12月）

|フェイスシート|

ご回答に先立って、以下の質問にご回答ください。
（該当する番号を○印で囲んでください。また、{　}欄につきましては、具体的にご記入願います。）

1. 貴監査事務所の属性についてお聞かせください。

　①監査事務所の形態
　　1. 監査法人
　　2. 個人事務所
　　3. その他{　　　　　　　　　　　　}（具体的にご記入ください）

　②所属する公認会計士数
　　1. 1～10人
　　2. 11～50人
　　3. 51～100人
　　4. 100～200人
　　5. 201以上

　③担当上場企業数
　　1. 1～10社
　　2. 11～50社
　　3. 51～100社
　　4. 100～200社
　　5. 201以上

　④海外ネットワーク・ファームとの提携の有無
　　1. 提携している
　　2. 提携していない
　　3. その他{　　　　　　　　　　　　}（具体的にご記入ください）

2. 実際にご回答くださった方の属性についてお聞かせください。

　①資格
　　1. 公認会計士
　　2. 会計士補又は公認会計士試験合格者
　　3. その他{　　　　　　　　　　　　}（具体的にご記入ください）

　②職位
　　1. 代表社員
　　2. 社員
　　3. マネージャー
　　4. シニア
　　5. ジュニア
　　6. その他{　　　　　　　　　　　　}（具体的にご記入ください）

わが国における監査報酬等に関するアンケート（監査事務所／2011年12月）

質 問 票

<u>すべての回答は、別紙の回答票にご記入ください。</u>

(1) 各監査契約における監査証明報酬決定に当たっては、監査事務所としてレビューしていますか。<u>以下のいずれか1つを選び、回答票の記号に○をつけてください。</u>

　1. 決定額についての報告を担当監査人から受けている。
　2. 決定額、決定過程、報酬額の算定根拠を含めて、担当監査人から報告を受けている。
　3. 決定額、決定過程、報酬額の算定根拠について、監査事務所としてレビューを行っている。
　4. その他〔　　　　　　　　　　　　　　　　　　〕（具体的にご記入ください。）

(2) 現在の貴監査事務所における監査証明報酬額について、<u>最も当てはまるものについて、回答票の記号に○をつけてください。</u>

　　1. 非常に高い金額である。
　　2. やや高い金額である。
　　3. どちらともいえない。
　　4. やや低い金額である。
　　5. 非常に低い金額である。

(3) 【<u>(2)において、1.又は2.と回答された方のみ</u>に伺います。】（4.又は5.と解答された場合には、(4)に進んでください。）

　平均的にみると、日本の監査証明報酬額は諸外国に比べて低いものとなっています。以下の問いについて、それぞれ<u>最も当てはまるものについて、回答票の記号に○をつけてください。</u>

　①貴事務所の監査証明報酬額が「非常に高い」又は「やや高い」と考える理由は何ですか。
　　1. 仕事の内容・量に比べて、高いと考えられるから。
　　2. 他の事務所とは違って、交渉によって、適切な報酬額を得ているから。
　　3. 日本の監査環境下では、十分な報酬を得ているから。
　　4. とくに理由はない。
　　5. その他〔　　　　　　　　　　　　　　　　　〕（具体的にご記入ください。）
　②日本の監査証明報酬額が総じて低い理由として考えられる理由は何ですか。
　　1. 企業側の不当な値下げ圧力
　　2. 監査事務所どうしの値下げ競争
　　3. 監査に対する社会の理解の低さ
　　4. わからない
　　5. その他〔　　　　　　　　　　　　　　　　　〕（具体的にご記入ください。）

(4)【(2)において、4.又は 5.と回答された方のみに伺います。】(それ以外の場合には、本問には答えずに(5)に進んでください。)

　平均的にみると、日本の監査証明報酬額は諸外国に比べて低いものとなっています。以下の問いについて、それぞれ最も当てはまるものについて、回答票の記号に○をつけてください。

　①貴事務所の監査証明報酬額が「非常に低い」又は「やや低い」と考える理由は何ですか。
　　1. 仕事の内容・量に比べて、低いと考えられるから。
　　2. 契約先の被監査企業との交渉によって、低い監査報酬額に抑えられているから。
　　3. 他の事務所に比べて、低い報酬額によって業務を行っているから。
　　4. とくに理由はない。
　　5. その他〔　　　　　　　　　　　　　　　　　〕(具体的にご記入ください。)

　②日本の監査証明報酬額が総じて低い理由として考えられる理由は何ですか。
　　1. 企業側の不当な値下げ圧力
　　2. 監査事務所どうしの値下げ競争
　　3. 監査に対する社会の理解の低さ
　　4. わからない
　　5. その他〔　　　　　　　　　　　　　　　　　〕(具体的にご記入ください。)

(5)【すべての方に伺います】

　日本における監査報酬が低いという場合に、その原因は誰にありますか。当てはまるものすべてについて、回答票の番号に○をつけてください。

　　1. 被監査企業の経営者
　　2. 被監査企業の監査受入れ担当者
　　3. 被監査企業の監査役
　　4. 大手監査事務所
　　5. 中小監査事務所
　　6. 政府(金融庁等)
　　7. 日本公認会計士協会
　　8. 日本の社会
　　9. わからない
　　10. その他〔　　　　　　　　　　　　　　　　〕(具体的にご記入ください。)

(6)【すべての方に伺います】

　監査事務所どうしの顧客獲得競争は、監査報酬に影響を及ぼしていますか。最も当てはまるものについて、回答票の番号に○をつけてください。

　　1. 非常に影響を及ぼしている。
　　2. やや影響を及ぼしている。
　　3. どちらともいえない。
　　4. あまり影響を及ぼしていない。
　　5. ほとんど影響を及ぼしていない。
　　6. その他〔　　　　　　　　　　　　　　　　〕(具体的にご記入ください。)

(7)【すべての方に伺います】
　　日本における監査報酬が低いという場合に、それを解消する必要はありますか。最も当てはまるものについて、回答票の番号に〇をつけてください。

　　　1. とても解消する必要があると思う。
　　　2. やや解消する必要がある。
　　　3. どちらともいえない。
　　　4. あまり解消する必要があるとは思わない。
　　　5. ほとんど解消する必要があるとは思わない。
　　　6. その他〔　　　　　　　　　　　　　　　　　〕（具体的にご記入ください。）

(8)【(7)において、1．又は 2．と回答された方のみに伺います。】（それ以外の場合には、本問には答えずに(9)に進んでください。）

　　日本における監査報酬が低いという場合に、それを解消すべき責任は誰にありますか。当てはまるものすべてについて、回答票の番号に〇をつけてください。

　　　1. 被監査企業の経営者
　　　2. 被監査企業の監査受入れ担当者
　　　3. 被監査企業の監査役
　　　4. 大手監査事務所
　　　5. 中小監査事務所
　　　6. 政府（金融庁等）
　　　7. 日本公認会計士協会
　　　8. 日本の社会
　　　9. わからない
　　　10. その他〔　　　　　　　　　　　　　　　　〕（具体的にご記入ください。）

(9)【すべての方に伺います】
　　監査契約の公的管理（金融庁、証券取引所、公認会計士協会等が監査契約について関与する）について、どう考えますか。最も当てはまるものについて、回答票の記号に〇をつけてください。

　　　1. 非常に必要である
　　　2. 必要かもしれない
　　　3. どちらともいえない
　　　4. あまり必要ではない
　　　5. 全く必要ではない

(10)【(9)において、1．又は 2．と回答された方のみに伺います。】（その他の回答の場合には、(11)に進んでください。）

　　公的管理の主体及び方法について、それぞれ最も適切と考えられるものについて、回答票の記号に〇をつけてください。

　　①主体

　　　1. 金融庁
　　　2. 公認会計士・監査審査会
　　　3. 証券取引所
　　　4. 日本公認会計士協会
　　　5. その他〔　　　　　　　　　　　　　　　　〕（具体的にご記入ください。）

②方法
　　1. 標準監査報酬の設定
　　2. 監査契約の事前審査
　　3. 監査契約の事後審査
　　4. 監査契約を公的管理下での入札制とする
　　5. 監査契約を公的管理によって各事務所に割り当てる
　　6. その他 [　　　　　　　　　　　　　] （具体的にご記入ください。）

(11) 【すべての方に伺います】
　現在、英米では、監査事務所を一定年限ごとに強制的に交代させる制度の導入が議論されています。こうした制度に関して、<u>最も当てはまるものについて、回答票の記号に○をつけてください。</u>

　　1. 非常に必要である
　　2. 必要かもしれない
　　3. どちらともいえない
　　4. あまり必要ではない
　　5. 全く必要ではない

(12) 【すべての方に伺います】
　監査事務所の強制的交代制が導入された場合、監査報酬及び監査の品質はどうなると考えられますか。それぞれ<u>最も適切と考えられるものについて、回答票の記号に○をつけてください。</u>

①監査報酬
　　1. かなり上がる
　　2. やや上がる
　　3. 変わらない
　　4. やや下がる
　　5. かなり下がる
　　6. わからない

②監査の品質
　　1. かなり向上する
　　2. やや向上する
　　3. 変わらない
　　4. やや低下する
　　5. かなり低下する
　　6. わからない

　　　　　　　　　ご協力ありがとうございました。

| 回　答　票 |

(1) 監査証明報酬決定に関する監査事務所としてのレビュー

　　1.　　　　　2.　　　　　3.
　　4.　{　　　　　　　　　　　　　　　　　}（具体的にご記入ください。）

(2) 現在の監査証明報酬額

　　1.　　　　2.　　　　3.　　　　4.　　　　5.

(3) 【(2)において、1.又は2.と回答された方のみ】

　　①監査証明報酬額が「非常に高い」又は「やや高い」と考える理由
　　　1.　　　　2.　　　　3.　　　　4.
　　　5.　{　　　　　　　　　　　　　　　　}（具体的にご記入ください。）

　　②日本の監査証明報酬額が総じて低い理由
　　　1.　　　　2.　　　　3.　　　　4.
　　　5.　{　　　　　　　　　　　　　　　　}（具体的にご記入ください。）

(4) 【(2)において、4.又は5.と回答された方のみ】

　　①監査証明報酬額が「非常に低い」又は「やや低い」と考える理由
　　　1.　　　　2.　　　　3.　　　　4.
　　　5.　{　　　　　　　　　　　　　　　　}（具体的にご記入ください。）

　　②日本の監査証明報酬額が総じて低い理由
　　　1.　　　　2.　　　　3.　　　　4.
　　　5.　{　　　　　　　　　　　　　　　　}（具体的にご記入ください。）

(5) 監査報酬が低い原因は誰にあるか

　　1.　　　　2.　　　　3.　　　　4.　　　　5.
　　6.　　　　7.　　　　8.　　　　9.
　　10.　{　　　　　　　　　　　　　　　　}（具体的にご記入ください。）

(6) 監査事務所どうしの顧客獲得競争の影響

　　1.　　　　2.　　　　3.　　　　4.　　　　5.
　　6.　{　　　　　　　　　　　　　　　　}（具体的にご記入ください。）

(7) 低い監査報酬の解決の必要性

　　1.　　　　2.　　　　3.　　　　4.　　　　5.
　　6.　{　　　　　　　　　　　　　　　　}（具体的にご記入ください。）

(8) 【(7)において、1．又は2．と回答された方のみ】低い監査報酬を解消すべき責任者
　　1.　　　　2.　　　　3.　　　　4.　　　　5.
　　6.　　　　7.　　　　8.　　　　9.
　　10. {　　　　　　　　　　　　　　　}（具体的にご記入ください。）

(9) 監査契約の公的管理の必要性
　　1.　　　　2.　　　　3.　　　　4.　　　　5.

(10)【(9)において、1．又は2．と回答された方のみ】
　　①主体
　　1.　　　　2.　　　　3.　　　　4.
　　5. {　　　　　　　　　　　　　　　}（具体的にご記入ください。）
　　②方法
　　1.　　　　2.　　　　3.　　　　4.　　　　5.
　　6. {　　　　　　　　　　　　　　　}（具体的にご記入ください。）

(11) 監査事務所の強制的交代制度の必要性
　　1.　　　　2.　　　　3.　　　　4.　　　　5.

(12) 強制的交代制度が導入された場合の影響
　　①監査報酬
　　　1.　　　2.　　　3.　　　4.　　　5.　　　6.
　　②監査の品質
　　　1.　　　2.　　　3.　　　4.　　　5.　　　6.

　　　　　　　ご協力ありがとうございました。

● 上場企業向けアンケート

わが国における監査報酬等に関するアンケート(上場企業／2012年1月)

フェイスシート

フェイスシートの質問へのご回答は、この用紙に直接ご記入ください。

質問票へのご回答に先立って、御社の形態等について、以下の質問にご回答ください。
　(該当する番号を○印で囲んでください。また、{　　}欄については、具体的にご記入願います。)

1. 主たる業種

01：水産・農林業	02：鉱業	03：建設業	04：食料品
05：繊維製品	06：パルプ・紙	07：化学	08：医薬品
09：石油・石炭製品	10：ゴム製品	11：鉄鋼	12：ガラス・土石製品
13：非鉄金属	14：金属製品	15：機械	16：電気機器
17：輸送用機器	18：精密機器	19：その他製品	20：電気・ガス業
21：陸運業	22：海運業	23：空運業	24：倉庫・運輸関連業
25：情報・通信	26：卸売業	27：小売業	32：不動産業
33：サービス業	99：その他 {　　　　　　　　　　}		

(具体的にご記入ください)

2. 会社の規模

● (正規の) 従業員数
1. 1～500名　　2. 501～1,000名　　3. 1,001～5,000名
4. 5,001～10,000名　　5. 10,001～20,000名　　6. 20,000名超

● 総資産
1. 100億円未満　　2. 100億円以上500億円未満　　3. 500億円以上1,000億円未満
4. 1,000億円以上3,000億円未満　　5. 3,000億円以上5,000億円未満　　6. 5,000億円以上

● 売上高
1. 100億円未満　　2. 100億円以上500億円未満　　3. 500億円以上1,000億円未満
4. 1,000億円以上3,000億円未満　　5. 3,000億円以上5,000億円未満　　6. 5,000億円以上

3. その他 (具体的にご記入ください。)

● 子会社の数

　　[　　　　] 社

● 担当監査人（共同監査の場合には、該当するものすべてに○をつけてください）
　1．大手監査法人　　　　　　　　　　2．中規模監査法人
　（あずさ・あらた・新日本・トーマツ）　　　（太陽 ASG・三優・優成・東陽・京都）
　3．その他監査法人　　　　　　　　　4．個人事務所

4．本調査へのご回答者の所属部署

　1．内部監査室等　　　　2．監査役室　　　　　3．社長室・秘書室
　4．経理　　　　　　　　5．財務　　　　　　　6．総務
　7．その他〔　　　　　　　　　　　　　〕（具体的な部署名をご記入ください。）

わが国における監査報酬等に関するアンケート（上場企業／2012年1月）

質 問 票

すべての回答は、別紙の回答票にご記入ください。

(1) 貴社における監査事務所との監査証明報酬決定に当たっては、その算定内容等を検討していますか。<u>以下のいずれか1つを選び、回答票の記号に○をつけてください。</u>
  1. 監査報酬額を担当監査事務所からの提示に基づいてそのまま認めている。
  2. 監査報酬額、及び算定根拠を担当監査事務所からの報告を踏まえて自社内で検討している。
  3. 監査報酬額について、同業他社等の報酬額と比較している。
  4. その他 〔　　　　　　　　　　　　　　　　　〕（具体的にご記入ください。）

(2) 現在の貴社における監査証明報酬額について、<u>最も当てはまるものについて、回答票の記号に○をつけてください。</u>

  1. 非常に高い金額である。
  2. やや高い金額である。
  3. どちらともいえない。
  4. やや低い金額である。
  5. 非常に低い金額である。

(3) 【<u>(2)において、1．又は2．と回答された方のみ</u>に伺います。】(4．又は5．と解答された場合には、(4)に進んでください。)

平均的にみると、日本の監査証明報酬額は諸外国に比べて低いものとなっています。以下の問いについて、それぞれ<u>最も当てはまるものについて、回答票の記号に○をつけてください。</u>

  ①貴社の監査証明報酬額が「非常に高い」又は「やや高い」と考える理由は何ですか。
   1. 監査事務所の仕事の内容・量に比べて、高いと考えられるから。
   2. 貴社が、高い報酬額を支払っているから。
   3. 他社に比べて、高い監査報酬額であるから。
   4. とくに理由はない。
   5. その他 〔　　　　　　　　　　　　　　　　〕（具体的にご記入ください。）
  ②日本の監査証明報酬額が総じて低い理由として考えられる理由は何ですか。
   1. 企業側の値下げ圧力
   2. 監査事務所どうしの値下げ競争
   3. 監査に対する社会の理解の低さ
   4. わからない
   5. その他 〔　　　　　　　　　　　　　　　　〕（具体的にご記入ください。）

(4)【(2)において、4.又は5.と回答された方のみに伺います。】(それ以外の場合には、本問には答えずに(5)に進んでください。)

　平均的にみると、日本の監査証明報酬額は諸外国に比べて低いものとなっています。以下の問いについて、それぞれ最も当てはまるものについて、回答票の記号に○をつけてください。

　①貴社の監査証明報酬額が「非常に低い」又は「やや低い」と考える理由は何ですか。
　　1. 仕事の内容・量に比べて、低いと考えられるから。
　　2. 貴社との交渉によって、低い監査報酬額に抑えられているから。
　　3. 他社に比べて、低い報酬額によって業務を行っているから。
　　4. とくに理由はない。
　　5. その他〔　　　　　　　　　　　　　　　　　〕(具体的にご記入ください。)

　②日本の監査証明報酬額が総じて低い理由として考えられる理由は何ですか。
　　1. 企業側の値下げ圧力
　　2. 監査事務所どうしの値下げ競争
　　3. 監査に対する社会の理解の低さ
　　4. わからない
　　5. その他〔　　　　　　　　　　　　　　　　　〕(具体的にご記入ください。)

(5)【すべての方に伺います】

　日本における監査報酬が低いという場合に、その原因は誰にありますか。当てはまるものすべてについて、回答票の番号に○をつけてください。

　　1. 被監査企業の経営者
　　2. 被監査企業の監査受入れ担当者
　　3. 被監査企業の監査役
　　4. 大手監査事務所
　　5. 中小監査事務所
　　6. 政府(金融庁等)
　　7. 日本公認会計士協会
　　8. 日本の社会
　　9. わからない
　　10. その他〔　　　　　　　　　　　　　　　　　〕(具体的にご記入ください。)

(6)【すべての方に伺います】

　監査事務所どうしの顧客獲得競争は、監査報酬に影響を及ぼしていますか。最も当てはまるものについて、回答票の番号に○をつけてください。

　　1. 非常に影響を及ぼしている。
　　2. やや影響を及ぼしている。
　　3. どちらともいえない。
　　4. あまり影響を及ぼしていない。
　　5. ほとんど影響を及ぼしていない。
　　6. その他〔　　　　　　　　　　　　　　　　　〕(具体的にご記入ください。)

(7)【すべての方に伺います】
　日本における監査報酬が低いという場合に、それを解消する必要はありますか。最も当てはまるものについて、回答票の番号に○をつけてください。

　　1. とても解消する必要があると思う。
　　2. やや解消する必要がある。
　　3. どちらともいえない。
　　4. あまり解消する必要があるとは思わない。
　　5. ほとんど解消する必要があるとは思わない。
　　6. その他〔　　　　　　　　　　　　　　　　　〕（具体的にご記入ください。）

(8)【(7)において、1．又は 2．と回答された方のみに伺います。】（それ以外の場合には、本問には答えずに(9)に進んでください。）

　日本における監査報酬が低いという場合に、それを解消すべき責任は誰にありますか。当てはまるものすべてについて、回答票の番号に○をつけてください。

　　1. 被監査企業の経営者
　　2. 被監査企業の監査受入れ担当者
　　3. 被監査企業の監査役
　　4. 大手監査事務所
　　5. 中小監査事務所
　　6. 政府（金融庁等）
　　7. 日本公認会計士協会
　　8. 日本の社会
　　9. わからない
　　10. その他〔　　　　　　　　　　　　　　〕（具体的にご記入ください。）

(9)【すべての方に伺います】
　監査契約の公的管理（金融庁、証券取引所、公認会計士協会等が監査契約について関与する）について、どう考えますか。最も当てはまるものについて、回答票の記号に○をつけてください。

　　1. とても必要である
　　2. やや必要である
　　3. どちらともいえない
　　4. あまり必要ではない
　　5. 全く必要ではない

(10)【(9)において、1．又は 2．と回答された方のみに伺います。】（その他の回答の場合には、(11)に進んでください。）

　公的管理の主体及び方法について、それぞれ最も適切と考えられるものについて、回答票の記号に○をつけてください。

　①主体
　　1. 金融庁
　　2. 公認会計士・監査審査会
　　3. 証券取引所
　　4. 日本公認会計士協会
　　5. その他〔　　　　　　　　　　　　　　〕（具体的にご記入ください。）

②方法
    1. 標準監査報酬の設定
    2. 監査契約の事前審査
    3. 監査契約の事後審査
    4. 監査契約を公的管理下での入札制とする
    5. 監査契約を公的管理によって各事務所に割り当てる
    6. その他 [　　　　　　　　　　　　　　　　] （具体的にご記入ください。）

(11) 【すべての方に伺います】
現在、英米では、監査事務所を一定年限ごとに強制的に交代させる制度の導入が議論されています。こうした制度に関して、最も当てはまるものについて、回答票の記号に〇をつけてください。

    1. とても必要である
    2. やや必要である
    3. どちらともいえない
    4. あまり必要ではない
    5. 全く必要ではない

(12) 【すべての方に伺います】
監査事務所の強制的交代制が導入された場合、監査報酬及び監査の品質はどうなると考えられますか。それぞれ最も適切と考えられるものについて、回答票の記号に〇をつけてください。

①監査報酬
    1. かなり上がる
    2. やや上がる
    3. 変わらない
    4. やや下がる
    5. かなり下がる
    6. わからない

②監査の品質
    1. かなり向上する
    2. やや向上する
    3. 変わらない
    4. やや低下する
    5. かなり低下する
    6. わからない

ご協力ありがとうございました。

回 答 票

(1) 監査証明報酬決定に関する社内での検討

    1.   2.   3.
    4. {　　　　　　　　　　　　　　　　　}（具体的にご記入ください。）

(2) 現在の監査証明報酬額

    1.   2.   3.   4.   5.

(3) 【(2)において、1. 又は 2.と回答された方のみ】

    ①監査証明報酬額が「非常に高い」又は「やや高い」と考える理由
     1.   2.   3.   4.
     5. {　　　　　　　　　　　　　　　　　}（具体的にご記入ください。）

    ②日本の監査証明報酬額が総じて低い理由
     1.   2.   3.   4.
     5. {　　　　　　　　　　　　　　　　　}（具体的にご記入ください。）

(4) 【(2)において、4. 又は 5.と回答された方のみ】

    ①監査証明報酬額が「非常に低い」又は「やや低い」と考える理由
     1.   2.   3.   4.
     5. {　　　　　　　　　　　　　　　　　}（具体的にご記入ください。）

    ②日本の監査証明報酬額が総じて低い理由
     1.   2.   3.   4.
     5. {　　　　　　　　　　　　　　　　　}（具体的にご記入ください。）

(5) 監査報酬が低い原因は誰にあるか

    1.   2.   3.   4.   5.
    6.   7.   8.   9.
    10. {　　　　　　　　　　　　　　　　　}（具体的にご記入ください。）

(6) 監査事務所どうしの顧客獲得競争の影響

    1.   2.   3.   4.   5.
    6. {　　　　　　　　　　　　　　　　　}（具体的にご記入ください。）

(7) 低い監査報酬の解決の必要性

    1.   2.   3.   4.   5.
    6. {　　　　　　　　　　　　　　　　　}（具体的にご記入ください。）

(8)【(7)において、1. 又は2.と回答された方のみ】低い監査報酬を解消すべき責任者

　1.　　　　2.　　　　3.　　　　4.　　　　5.
　6.　　　　7.　　　　8.　　　　9.
　10.｛　　　　　　　　　　　　　　　　　　｝（具体的にご記入ください。）

(9) 監査契約の公的管理の必要性

　1.　　　　2.　　　　3.　　　　4.　　　　5.

(10)【(9)において、1. 又は2. と回答された方のみ】

　①主体
　　1.　　　　2.　　　　3.　　　　4.
　　5.｛　　　　　　　　　　　　　　　　　　｝（具体的にご記入ください。）
　②方法
　　1.　　　　2.　　　　3.　　　　4.　　　　5.
　　6.｛　　　　　　　　　　　　　　　　　　｝（具体的にご記入ください。）

(11) 監査事務所の強制的交代制度の必要性

　1.　　　　2.　　　　3.　　　　4.　　　　5.

(12) 強制的交代制度が導入された場合の影響

　①監査報酬
　　1.　　　　2.　　　　3.　　　　4.　　　　5.　　　　6.
　②監査の品質
　　1.　　　　2.　　　　3.　　　　4.　　　　5.　　　　6.

ご協力ありがとうございました。

索　引

英数

2000年SEC規則 …………………………… 51
2003年SEC規則 …………………………… 52
2003年の公認会計士法改正 …………… 30
ASR第250号 ………………………………… 50
MAS（Management Advisory Service）
　………………………………………………… 29
SEC登録企業等 …………………………… 64
SEC登録企業等と非SEC登録企業等の
　比較 ………………………………………… 63
Turner氏 …………………………………… 22

あ行

アメリカにおける監査報酬額の概況 … 78
アメリカの監査報酬の対売上高比率 … 81
新たな視点（fresh look） …………… 122
異常会計発生高（abnormal accruals）
　……………………………………………… 134
異常リスク ……………………… 10, 11, 15, 17

か行

会計監査人の報酬の決定権 …………… 45
会社法制の見直しに関する中間試案 … 46
会社法施行規則第126条 ………………… 43
会長通牒「改正公認会計士法の施行に
　当たって」 ………………………………… 34
会長通牒「監査実務の充実に向けて」
　………………………………………………… 36
株主宛委任勧誘状における開示 ……… 53
株主宛の委任状（proxy statement） … 77
監査・保証実務委員会研究報告第18号

「監査時間の見積りに関する研究報告」… 38
監査契約 ………………………………… 21, 127
監査契約の公的管理 ……………… 118, 120
監査コスト（報酬）のモデル ………… 133
監査時間 ………………………… 4, 117, 126
監査資源投入 ……………………… 13, 161
監査資源の投入増 ………………… 14, 15
監査実施状況調査 ………………………… 35
監査事務所にとっての直接監査コスト
　………………………………………………… 7
監査事務所の強制的交代 …………… 123
監査事務所の収入に占める監査報酬の
　割合 ……………………………………… 213
監査事務所の評判（reputation） ……… 4
監査証明業務以外の報酬 ……………… 71
監査証明業務報酬の推移 ……………… 61
監査人の規模 …………………… 174, 176
監査人の交代に対する影響 ………… 192
監査人の評判 ……………………………… 6
監査人別の分析 …………………………… 75
監査の失敗 ………………………………… 6
監査の充実強化策に関する提言 ……… 37
監査の品質 ………………………… 3, 162
監査品質の内生要因 ……………………… 7
監査報酬が低い原因 ………… 111, 112, 113
監査報酬研究 …………………………… 131
監査報酬算定のためのガイドライン … 35
監査報酬の開示 …………………………… 29
監査報酬の決定方法 …………………… 107
監査報酬の決定要因 …………………… 153
監査報酬の構成要素 …………………… 9

251

監査報酬の実態に関する調査…………101
監査報酬の低廉化………………126, 127
監査報酬の適正化………………………24
監査報酬の内容等………………………48
監査報酬の低さを解消する必要性……116
監査報酬の引下げ問題…………………85
監査リスク・モデル…………………134
企業のディスクロージャー姿勢……161
期待総コスト………………………15, 16
基本報酬…………………………………33
業種特化………………………………139
強制的交代……………………118, 121, 122
グリーンペーパー（EC, 2011）……118
現在の監査報酬についての認識……109
公開会社会計監視委員会……………121
ゴーイング・コンサーン問題………215
コーポレート・ガバナンス…………146
コーポレート・ガバナンスの状況…59
顧客維持のための減額…………………91
顧客獲得競争…………………………114
国際比較に基づく監査時間数の増加の
　提言……………………………………117
コンセプトリリース（PCAOB, 2011）
　…………………………………………121

さ行

サーベインズ＝オックスリー法
（Sarbanes-Oxley Act of 2002：SOX法）
　……………………………………29, 136
財務報告の質…………………………202
事業報告における記載例………………44
事後的補償機能…………………………13
市場の失敗……………………………126
執務報酬…………………………………33
資本市場…………………………174, 179

資本市場別の分析………………………73
上場企業監査人・監査報酬白書………59
新規顧客獲得……………………………87
正常リスク…………………10, 11, 15, 17
成長オプション………………………144
設立後経過年数………………………174, 181
損害額の補填（補償）…………………12

た行

対売上高監査証明業務報酬比率…68, 69
大会社等に係る業務の制限の特例……40
低価格競争………………………………23
ディスクロージャー・ランキング…167
ディスクロージャーの品質…………162
低廉な監査報酬……………………22, 113
投資機会集合…………………………144
投入監査資源量…………………………8
独占禁止法………………………………34
トップダウン・アプローチ……………20

な行

内部統制の有効性……………………199
内部統制報告制度……………………200
日用品（commodity）…………………22
日本企業に関する監査報酬の決定要因
　…………………………………………152
日本の監査報酬の実態に関する意識
　…………………………………………125

は行

被監査会社との著しい利害関係………39
非監査業務報酬……………………71, 82
低い監査報酬を解消する責任がある者
　…………………………………………118
標準監査報酬（額）…………34, 121, 187

標準監査報酬規定………………………… 32
標準監査報酬制度………………………… 30
標準監査報酬モデル………………… 185, 189
負債のモニタリング効果………………… 148
報告書「国際比較に基づく監査時間数
　増加の提言」…………………………… 36
報酬の決定要因…………………………… 131
報酬プレミアム………………… 137, 142, 143
法的責任コスト…………………………… 137
保険………………………………………… 19
保険加入…………………………… 15, 16, 18
保証水準…………………………………… 172
ボトムアップ・アプローチ……………… 20

や行

有価証券報告書における記載例………… 49

ら行

利益調整行動……………………………… 138
リスク・アプローチ……………………… 17
リスク・プレミアム……………………… 18
リスクと報酬の関係……………………… 133
累積平均異常リターン（Cumulated
　Abnormal Returns：CAR）…………… 5
連結特例規定適用会社等の特例………… 42

執筆分担

　　髙田知実（神戸大学）…第5章，第7章

　　林　隆敏（関西学院大学）…第2章，第4章，第6章第2節・
　　　　　　　　　　　　　　　第5節，第7章

代表　町田祥弘（青山学院大学）…第1章，第2章，第3章，第4章，
　　　　　　　　　　　　　　　第6章第3節，第7章

　　松本祥尚（関西大学）…第1章，第4章，第6章第1節・第4節，
　　　　　　　　　　　　第7章

　　矢澤憲一（青山学院大学）…第3章，第7章

◆著者紹介

監査人・監査報酬問題研究会

2007年6月に日本公認会計士協会からの委託研究を受託するに当たって，町田祥弘（青山学院大学），松本祥尚（関西大学），林隆敏（関西学院大学）の3名で活動を開始した。単に監査報酬データの収集・分析だけではなく，監査人の交代等に関する情報の分析も研究対象としていることから，標記の名称としている。その後，日頃から監査報酬データを利用した研究を進めていることを条件として新たな参加メンバーを募り，2010年から矢澤憲一（青山学院大学），2011年より髙田知実（神戸大学）が加入し，2012年6月時点で5名により構成されている。

わが国監査報酬の実態と課題

平成24年7月30日　初版発行

　著　者　監査人・監査報酬問題研究会　Ⓒ

　発行者　山　崎　彰　三

　発行所　日本公認会計士協会出版局
　　　　　〒102-8264　東京都千代田区九段南4-4-1　公認会計士会館
　　　　　電話　03(3515)1124
　　　　　FAX　03(5226)3351
　　　　　URL：http://www.jicpa.or.jp/

Printed in Japan 2012

製版：(有)一　企　画
印刷製本：(株)あかね印刷工芸社

落丁、乱丁本はお取り替えします。
本書に関するお問い合わせは、読者窓口：book@sec.jicpa.or.jpまでお願い致します。
著作権法により無断複写複製は禁止されています。

ISBN 978-4-904901-25-0 C2034